Alfred Nottrott

Grammatik der Kolh-Sprache

Alfred Nottrott

Grammatik der Kolh-Sprache

ISBN/EAN: 9783743389175

Hergestellt in Europa, USA, Kanada, Australien, Japan

Cover: Foto ©ninafisch / pixelio.de

Manufactured and distributed by brebook publishing software (www.brebook.com)

Alfred Nottrott

Grammatik der Kolh-Sprache

Grammatik

der

Kolh-Sprache

bearbeitet

von

A. Nottrott,
Gossn. Missionar unter den Kolhs.

Gütersloh.
Druck von C. Bertelsmann.
1882.

I. Vorbemerkungen.

1. Die Kolhs, in deren Sprache die nachstehende Grammatik einführen soll, gehören zur Gruppe der sogenannten **Kolarier**. Verschiedene Traditionen weisen darauf hin, dafs dieselben in den frühesten Zeiten ihre Wohnsitze an den Ufern des Ganges hatten, von wo sie durch die einwandernden Arier vertrieben wurden. Von diesen immer weiter gedrängt, setzten sie sich endlich in den Bergen Chutia*) Nagpurs fest, und verteidigten die Pässe dieses, mit Gebirge bedeckten Hochplateaus jahrhunderte lang gegen die nachdringenden Feinde.

2. Der Name „Kolh" ist kein dem Volke ursprünglich eigentümlicher, sondern die hochmütigen Arier, die Hindus, gaben demselben diesen („Schweinetödter" bedeutenden) Schimpfnamen wegen dessen Vorliebe für das Fleisch dieses, von dem Hindu so verachteten Tieres. Durch die Engländer ist der Name jetzt offiziell geworden, und wird (jedoch nicht den Kolhs selbst gegenüber) allgemein gebraucht.

3. Die Kolhs zerfallen in mehrere Stämme, welche alle ein und dieselbe Sprache, wenn auch in verschiedenen Dialekten, sprechen. Man unterscheidet:

a) **Mundari-Kolhs**. Diese nennen sich selbst „horo" oder „Munda-horo", „Munda-Mensch", und ihre Sprache horo-kaji, die „Menschen-Sprache". Der Name Mundári bezeichnet ein Volk, welches unter „Munda", d. h. Dorfschulzen-Verfassung lebt.

---

*) Chutia wird ausgesprochen „Tschutia". Der Englischen Schreibweise folgend, wird in Kolh-Wörtern für „tsch", „ch" und für „dsch", „j" geschrieben werden.

b) Die Larca-Kolhs, die kriegerischen Kolhs, die sich selbst, mit Ausstofsung des „r" in horo, Ho, d. h. Mensch, nennen. Ihr Dialekt zeichnet sich, wie das schon der Name andeutet, dadurch aus, dafs sie in vielen Wörtern das „r" und „r" ausstofsen. Sie bewohnen den zur Provinz Chutia Nagpur gehörigen Distrikt Singbhum.

c) Die Santáls, deren Dialekt dem der Larca's am ähnlichsten ist. Sie haben ihren Namen von Saont, wo sie nach der Versprengung durch die Arier lange Zeit wohnten*).

d) In Sprache und Sitte den Mundaris am ähnlichsten sind die Bhumij, obgleich sie von denselben örtlich durch die Larca's getrennt sind.

Aufser den genannten Stämmen giebt es noch mehrere, wie die Juangs, Kharrias, Birhors, Kur's und Muási's. Je nachdem diese Stämme mit den Hindus, Bengalen und Uriyas in Kontakt gekommen sind, haben sie ihren Dialekt aus den Sprachen derselben bereichert, insonderheit die ihnen so vielfach fehlenden Ausdrücke für abstrakte Begriffe mehr oder weniger ergänzt.

Auch inmitten der einzelnen Stämme finden sich verschiedene Dialekte. Am ursprünglichsten und reinsten zeigt sich der Mundari-Dialekt in der Mankipatti und dem westlichen Singbhum, weshalb dieser auch der nachstehenden Grammatik zu Grunde gelegt ist.

4. Die Kolh-Sprache ist keine Schriftsprache. Als die Gofsner'schen Missionare zuerst daran gingen, in dieser Sprache drucken zu lassen, hatten sie die Wahl zwischen den lateinischen und den Sanskrit- oder devanagari-Lettern.

Um den tausenden von Kolhs, welche letztere bereits lesen konnten, die Litteratur in ihrer Sprache sofort zugänglich zu machen, wurden diese gewählt, ebenso die devanagari-Zeichen für die Zahlen.

Da diese Grammatik lediglich den Zweck verfolgt, Europäern das Studium der Sprache zu ermöglichen resp. zu er-

---

*) Ein grofser Teil wohnt nördlich von Ch. Nagpur und spricht einen mit Bengali vermischten, bedeutend abweichenden Dialekt.

leichtern, so werde ich mich durchweg der lateinischen Lettern bedienen.

5. Die Schreibweise des Kolh im devanagari richtet sich ganz nach den für diese Lettern geltenden Regeln, welche aus jeder Hindi-Grammatik zu ersehen sind; einige, wenige Abweichungen, auch in der Aussprache, werden nachstehend angegeben werden.

6. Soll ein Vokal nasal ausgesprochen werden, so wird dies durch einen Punkt über demselben ausgedrückt, z. B. ȧ, u̇ u. s. w.

7. Soll ein Vokal nicht ganz auslauten, sondern gleichsam auf halbem Wege zurückgehalten werden, so wird dies durch einen Doppelpunkt an der rechten Seite angedeutet, z. B. a:, i:, u: u. s. w.

8. Der Konsonant „g" hat eine doppelte Aussprache. Einmal wird er hart gesprochen, wie in unserem „gehen" gogo, göi, goso, gitil u. s. w., dann aber auch weich, wie das „j" in unserem „ja" u. „jagen", z. B. ainga.

In Verbindung mit „n" ist „g" bald hörbar und hart auszusprechen, wie in „Ingo", z. B. enga, die Mutter; denga, die Hilfe u. s. w., bald weniger hörbar, wie in „singen, king" u. s. w., z. B. gonong, der Preis, eperang, der Streit, dumang, die Trommel u. s. w. Besondere Regeln lassen sich dafür nicht angeben.

9. Die mit einem Punkte unterhalb versehenen Konsonanten können nur ausgesprochen werden, indem man die Zunge dicht über den Zähnen an den Gaumen legt. Manche Wörter werden nur durch diese verschiedene Aussprache unterschieden, z. B. horo, der Mensch, u. ho̱ro̱, die Schildkröte.

10. Mehrere Konsonanten, besonders b und g, werden, sobald sie am Ende eines Wortes stehen, oftmals mit einem n-Nachschlage ausgesprochen, was durch ein angefügtes „n" angedeutet wird, z. B. urig[n], der Urigvogel, ub[n], das Haar.

In einigen Gegenden tritt dieser Nachschlag mehr, in anderen weniger hervor.

In der devanagari-Schrift wird dieser n-Laut unter den betreffenden Konsonanten gesetzt.

Interpunktion.

11. Sobald die lateinischen Lettern benutzt werden, wird die im Englischen übliche Interpunktion gebraucht. In der **Devanagari**-Schrift sind zwei Interpunktionen jetzt allgemein gebräuchlich, nämlich **ein** senkrechter Strich, um das Ende eines Satzes und **zwei** dergleichen, um das Ende eines Absatzes anzuzeigen. Für unser Kolon wird aber schon vielfach ein Punkt gebraucht, und auch das Fragezeichen bürgert sich mehr und mehr ein.

Betonung.

12. Der Ton liegt meistens auf der **ersten** Silbe, selbst wenn diese die viertletzte ist. Ausgenommen davon sind die Formen des Infinitivs und die Worte, welche sich auf einen Diphtong endigen; diese haben den Ton auf der drittletzten Silbe.

káji, das Wort.
kajítea, reden.
kajíkedae, er hat geredet.
kajikédkoae, er hat zu ihnen geredet,
jómkenabu, wir haben gegessen.
ómtanae, er giebt.
ómtanako, sie geben.
omádkoae, er hat ihnen gegeben.

II. Deklination.

A. Genus.

13. Eine Verschiedenheit des Geschlechts wird durch die Endungen der Nomina nicht ausgedrückt. Entweder giebt es für das männliche und weibliche Wesen einen besonderen Namen z. B. hara, der Ochse, gai, die Kuh; honjar, der Schwiegervater, hanar, die Schwiegermutter; tata, der Grofsvater, jiang, die Grofsmutter u. s. w., oder das Geschlecht wird durch **ein besonderes** Wort kenntlich gemacht, welches voransteht, wie: „kora und kuri", für menschliche Wesen, z. B. kora hon, der Sohn, und kuri hon, die Tochter, und „sandi und enga" für Tiere, z. B. sandi sim, der Hahn, enga sim, die Henne; sandi sadom, der Hengst, enga sadom, die Stute.

Bei manchen Tieren werden auch andere, das Geschlecht bezeichnende Worte gebraucht, z. B. boda merom, der Ziegenbock, pathiya merom, die Ziege; churu sukri, das männliche Schwein; pathiya sukri, das weibliche Schwein.

Rücksichtlich der grammatikalischen Konstruktion kommt das männliche und weibliche Geschlecht weder im Pronomen noch im Verbum zum Ausdruck. Die Kolhsprache kennt nach dieser Seite hin nur lebende und todte Wesen, für welche es gesonderte Pronomina und Verbalendungen giebt. Einen bestimmten Artikel kennt die Kolhsprache nicht.

B. Numerus.

14. Die Kolhsprache hat drei Numeri, den Singular, Dual und Plural. Der Singular (Nominativ) ist weiter nichts als der reine Stamm des Nomen.

Der Dual wird gebildet durch Anhängung von „king" an den Nominativ Singularis.

Der Plural wird gebildet durch Anhängung von „ko" an den Nom. Singularis, d. h. an den reinen Stamm des Nomen.

Beide Endungen, king und ko, für Dual und Plural, scheinen ursprünglich nur an solche Nomina angehängt worden zu sein, welche lebende Wesen bezeichnen; jetzt werden sie auch solchen angefügt, welche todte Wesen bezeichnen, aber nur dann, wenn auf zwei und nur zwei Dinge hingewiesen werden soll (king), oder wenn von einer grofsen Menge die Rede ist (ko), z. B. isu pura diri ko, eine grofse Menge Steine.

C. Casus.

15. Es giebt nur eine Deklination und deren Casus obliqui werden nicht durch Flexion des Nomen selbst, sondern durch lose Suffixion von Partikeln gebildet.

16. Es giebt in der Kolhsprache acht Casus. Ursprünglich scheinen der Nominativ, Dativ und Accusativ gleichlautend gewesen und nur durch ihre Stellung im Satze als verschieden ausgedrückt worden zu sein; einige, mit den Hindus noch so gut wie gar nicht in Kontakt gekommene Stämme, zeigen das noch jetzt.

Die Mehrzahl gebraucht aber in den obliquen Casus Suffixe, und mit dieser haben wir zu rechnen.

Diese Suffixe werden an den Stamm des Nomen, ohne jede Verschmelzung mit demselben, einfach angehängt. Sie sind für alle drei Numeri, den Singular, Dual und Plural dieselben.

Die Zeichen des Dual und Plural, king und ko, bleiben in allen Casus unverändert.

a) Der Nominativus Singularis ist gewöhnlich der reine, unveränderte Stamm des Nomen. Der Nom. Dualis wird, wie schon erwähnt, gebildet durch Anhängung von king, der des Plural von ko an den Nom. Singularis, hon das Kind, honking die 2 Kinder, honko die Kinder (Pl.)

Eine Ausnahme machen im Dual und Plural die auf „i" endenden, substantivierten Participia, welche da das „i" wieder abwerfen, z. B. oltani, der Schreiber; oltanking, die beiden Schreiber; oltanko die Schreiber (Plur.)

b) Der Genitivus Singularis, Dualis und Pluralis wird gebildet durch Anfügung von „ā, āa" und „rā" an den entsprechenden Nominativ, und zwar gilt als Regel, daſs „ā und „āa" an Konsonanten, „rā" aber an Vokale angehängt wird. Ausnahmen müssen durch den Gebrauch gelernt werden.

Das „r" scheint ebenso wie das dem „a" häufig vorgesetzte „y" nur euphonischer Natur zu sein.

c) Der Dativus wird im Sing., Dual und Plural durch Anhängung von „ke" gebildet.

d) Die Endung des Accusativus ist ebenfalls „ke" für alle drei Numeri. Gewöhnlich wird dieselbe weggelassen, muſs aber gesetzt werden, wenn ein Zweifel über das Objekt entstehen könnte.

e) Der Vocativus kann streng genommen ein Casus nicht genannt werden, da er keine regelmäſsigen Casuszeichen hat. Man gebraucht dafür die Nominativform mit Vorsetzung oder Anfügung mehrerer Interjektionen, wie „he, hai, atea, da," welche vor, „ho und a", welche nachgesetzt werden.

f) Der Ablativus wird durch die Suffixe „te, ete und ate" gebildet, welche an die Singular-, Dual- und Pluralformen des Nominativ angehängt werden.

g) In gleicher Weise wird der Instrumentalis mit dem Suffix „te" gebildet.

h) Das Zeichen des Locativus ist „re" (in), welches wie die übrigen Suffixe an die betreffenden Nominative angehängt wird. Man kann auch die Form mit „ren" als Locativus bezeichnen, da durch dieselbe die Zugehörigkeit zu einem Orte ausgedrückt wird. Siehe § 230. Dieses Suffix „ren" scheint zusammengesetzt aus „re" und „n", der abgekürzten Form des Pron. demonstr. „ni", es bedeutet also „der in".

17. Paradigma.

Sing. Nom. bing, die Schlange.
     Gen. bing-a, der Schlange.
     Dat. bing-ke, der Schlange.
     Acc. bing-ke, die Schlange.
     Voc. he bing, o du Schlange.
     Abl. bing-ete, von der Schlange.
     Instr. bing-te, durch die Schlange.
     Locat. bing-re, in der Schlange.

Dual. Nom. bing-king, die beiden Schlangen.
     Gen. bing-king-a, der beiden Schlangen.
     Dat. bing-king-ke, den beiden Schlangen.
     Acc. bing-king-ke, die beiden Schlangen.
     Voc. he bing-king, o ihr beiden Schlangen.
     Abl. bing-king-ete, von den beiden Schlangen.
     Instr. bing-king-te, durch die beiden Schlangen.
     Locat. bing-king-re, in den beiden Schlangen.

Plur. Nom. bing-ko-, die Schlangen.
     Gen. bing-ko-a, der Schlangen.
     Dat. bing-ko-ke, den Schlangen.
     Acc. bing-ko-ke, die Schlangen.
     Voc. he bing-ko, o ihr Schlangen.
     Abl. bing-ko-ete, von den Schlangen.
     Instr. bing-ko-te, durch die Schlangen.
     Locat. bing-ko-re, in den Schlangen.

Sing. Nom. ora, das Haus.
Gen. oraā oder orara, des Hauses, u. s. w.
Dual. Nom. ora oder ora-king, die beiden Häuser.
Gen. oraā oder orakinga, der beiden Häuser, u. s. w.
Plur. Nom. ora oder orako, die Häuser.
Gen. oraā oder orakoa, der Häuser, u. s. w.

III. Adjectiva.

18. Die Adjectiva haben keinerlei besondere Genusendungen und unterliegen ebensowenig einer Flexion in den einzelnen Casus. Vielfach werden sie durch Anhängung von „i" zu konkreten und durch Anhängung von „ā" zu abstrakten Substantivis umgewandelt und dann als solche dekliniert, z. B. bugin gut, bugini, buginking, buginko der Gute, die Guten; etkan schlecht, etkana das Schlechte. Das substantivierende „i" ist das abgekürzte pron. pers. „ini", und „a" das Neutrum desselben „ena".

19. Adjectiva, welche zu einem Nomen gehören, das im Dual oder Plural steht, nehmen die Suffixa dieser Numeri nicht an; sie bleiben unverändert, ob sie vor oder nach dem Nomen stehen.

Komperation der Adjectiva.

20. Endungen für den Komperativ und Superlativ der Adjectiva giebt es nicht. Sollen zwei Dinge mit einander verglichen werden, so steht das Nomen des zu Vergleichenden im Nominativ, dasjenige, womit verglichen wird, im Ablativus; das Adjectivum behält seine ursprüngliche Form, z. B. der Vater ist gröfser als ich = aingete apu marang menaya; der Baum ist höher als das Haus, oraete daru salangi mena; Stein ist schwerer als Holz = sanete diri hambala mena oder hambalatana.

21. Der Superlativ wird ebenso ausgedrückt, nur dafs dann der Vergleich nicht mit einem Gegenstande, sondern mit der ganzen Klasse oder Species gemacht wird, z. B. er ist der beste ini sobenköete bugin menaya = er ist von allen der Gute; der Elefant ist das gröfste Tier = soben janoarköete hathi marang menaya; der besucht die Schule am besten -sobenköete ni bugin lekate skul te sentanae.

IV. Pronomina.

22. Die Deklination der Pronomina ist von der der Nomina nicht verschieden.

23. Das pronomen personale: „Ich" aing oder ing.

Erste Person.

Singular.

Nom. aing / ing } ich (Affixform: ing)
Gen. ainga / inga } meiner.
Dat. aingke / ingke } mir.
Acc. aingke / ingke } mich.
Abl. aingete / ingete } von mir.
Instr. aingte / ingte } durch mich.
Loc. aingre / ingre } in mir.

Dual.

Nom. aling wir beide (exklusiv) / alang „ „ (inklusiv) } (Affixform: ling und lang)
Gen. alinga / alanga } unser beider.
Dat. alingke / alangke } uns beiden.
Acc. alingke / alangke } uns beide.
Abl. alingate oder -ete / alangate oder -ete } von uns beiden.
Instr. alingte / alangte } durch uns beide.
Loc. alingre / alangre } in uns beiden.

Plural.

Nom.	ale wir (exklusiv) abu „ (inklusiv)	(Affixform: le und bu)
Gen.	alea abua	unser.
Dat.	aleke abuke	uns.
Abl.	aleate abuate	von uns.
Instr.	alete abute	durch uns.
Locat.	alere abure	in uns.

24. Zweite Person.

Singular.

Nom. am du. (Affixform: m und me)
Gen. ama deiner.
Dat. amke dir.
Acc. amke dich.
Voc. he am o du.
Abl. amate oder amete von dir.
Instr. amte durch dich.
Locat. amre in dir.

Dual.

Nom. aben ihr beide. (Affixform: ben)
Gen. abena euer beider.
Dat. abenke euch beiden.
Acc. abenke euch beide.
Voc. he aben o ihr beide.
Abl. abenate oder abenete von euch beiden.
Instr. abente durch euch beide.
Locat. abenre in euch beiden.

Plural.

Nom. ape ihr. (Affixform: pe)
Gen. apca euer.
Dat. apeke euch.

Acc. apeke euch.
Voc. he ape o ihr.
Abl. apeate von euch.
Instr. apete durch euch.
Locat. apere in euch.

25. Dritte Person.

Singular.

Nom.	ini āe	er, sie	ena es (Affixform: i und e)
Gen.	inia aya	seiner.	enara.
Dat.	inike ēeke	ihm.	enake.
Acc.	inike ēeke	ihn.	enake.
Voc.	—	—	—
Abl.	iniete ēeete	von ihm.	enaete.
Instr.	inite ēete	durch ihn.	enate.
Locat.	inire ēere	in ihm.	enare.

Dual.

Nom. aking sie beide. (Affixform: king)
Gen. akinga ihrer beider.
Dat. akingke ihnen beiden.
Acc. akingke sie beide.
Voc. — — —
Abl. akingate von ihnen beiden.
　　— -ete.
Instr. akingte durch sie beide.
Locat. akingre in ihnen beiden.

Plural.

Nom. ako sie. (Affixform: ko)
Gen. akoa ihrer.
Dat. akoke ihnen.
Acc. akoke sie.
Voc. — —
Abl. akoate von ihnen.
　　— -ete.
Instr. akote durch sie
Locat. akore in ihnen.

26. Bemerkungen zum Pr. pers.

aling „wir beide" und ale „wir" ist exklusiv, d. h. die angeredete Person ist ausgeschlossen. alang und abu „wir beide und wir" ist inklusiv, d. h. die angeredete Person ist eingeschlossen. Beispiele: aling Burju te sénoaling, wir beide gehen nach Burju (ihr aber bleibt hier). Sagte man zum Diener: mandi aueme, abu jomeabu, bringe das Essen, wir wollen essen, so wäre der Diener damit zum Mitessen eingeladen. Es muſs also heiſsen: mandi aueme, ale jomeale, wodurch der Diener vom Essen ausgeschlossen ist.

27. Pronomen demonstrativum.

Singular.

Nom.	ni und ne dieser, diese,	nea dieses.
Gen.	niaa dieses	neara.
Dat.	nike diesem	neake.
Acc.	nike diesen,	neake.
Voc.		
Abl.	nïete von diesem	neäete.
Instr.	nite durch diesen	neate.
Locat.	nire in diesem	neare.

Dual.

Nom. niking diese beiden u. s. w.
Gen. nikinga.
Dat. nikingke.
Acc. nikingke.
Abl. nikingete oder -ate.
Instr. nikingte.
Locat. nikingre.

Plural.

Nom. niko diese u. s. w.
Gen. nikoa.
Dat. nikoke.
Acc. nikoke.
Abl. niköete und -ate.
Instr. nikote.
Locat. nikore.

28. ni und nea werden, ersteres für lebende, letzteres für leblose Wesen stets allein gebraucht. Man kann also nicht sagen: ni horo, dieser Mensch oder „nea ora" dieses Haus, sondern es muſs heiſsen: ne horo und ne ora. Im Konnex mit einem Nomen wird also (für alle 3 Numeri) „ne" gebraucht.

ne uriko, diese Kühe; ne ote, dieses Feld; ne honko, diese Rinder.

29. ini, en und ena: jener, jene, jenes.

Singular.

Nom.	ini } en }	ena jener, jene, jenes.
Gen.	inia	enara.
Dat.	inike	enake.
Acc.	inike	enake.
Abl.	iniete	enäete.
Instr.	inite	enate.
Locat.	inire	enare.

Dual.

Nom.	enking inking }	enaking jene etc. beiden.
Gen.	enkinga inkinga }	enakinga.
Dat.	enkingke inkingke }	enakingke.
Acc.	enkingke inkingke }	enakingke.
Abl.	enkingete inkingete }	enakingate.
Instr.	enkingte inkingte }	enakingte.
Locat.	enkingre inkingre }	enakingre.

Plural.

Nom.	enko inko }	enako jene.
Gen.	enkoa inkoa }	enakoa jener u. s. w.

Dat. enkoke } enakoke.
inkoke
Acc. enkoke } enakoke.
inkoke
Voc. — —
Abl. enköete } enakoate oder
inköete — äete
Instr. enkote } enakote.
inkote
Locat. enkore } enakore.
inkore
Der Gebrauch ist gleich dem der corresp. Pron. ni, ne u. nea.

30. Pronomen possessivum.

Ein besonderes Pronomen possessivum hat die Kolhsprache nicht. Es werden an Stelle desselben
1) die Genitive des pronom. personale unverändert in allen Casus als Präfixe gebraucht, z. B.
ainga sadom mein Pferd.
alinga } seta — unser Hund (zweier).
alanga
alea } ora — unser (vieler) Haus.
abua
ama enga — deine Mutter.
abena lija — euer (beider) Kleid.
apea dosh — euere (vieler) Schuld.
inia hon — sein Kind.
akinga } ote — ihr beider Feld.
enkinga
akoa } taka — ihr Geld.
enkoa

2) gebraucht der Kolh aber auch mit Vorliebe für das pron. possess. Suffixe und zwar das pron. personale entweder ganz oder in verstümmelter Form, nämlich:

apuing } mein apum } dein apuii } sein
aputaing Vater. aputam Vater. apute Vater.
apubu } unser apupe } euer aputako } ihr
aputabu Vater. aputape Vater. aputeteko Vater.
(inklusiv)

apule aputale	}	unser Vater	(exklusiv)			
apulang aputalang	}	unser beider Vater (inkl.)	apuben aputaben	euer beider Vater	aputaking aputeteking	ihr beider Vater
apuling aputaling	}	unser beider Vater	(exklusiv)			

Für „dein" wird aufser „m" und „tam" auch „me" gebraucht z. B. honmekora, dein Sohn. Während „ainga" für mehrere darauf folgende Substantiva gilt, mufs das Possessiv-Suffixum einem jeden angehängt werden: ama enga apu deine Mutter und dein Vater, aber engam apumking.

Pronomen reflexivum.

31. Eine besondere Form für dieses Pronomen giebt es nicht. Es wird dafür das pronomen personale gebraucht, vielfach mit Anhängung eines betonenden „ge" aingge ich selbst — amage deiner selbst u. s. w.

In der dritten Person wird in reflexivem Sinne aber nur die Form ae, aya u. s. w., auch mit Anfügung eines „ge", gebraucht: aege, ayage, akingge, akoage. — Nur der Accusativ kann in allen 3 Personen gebildet werden durch Einschiebung eines „n" oder „en und on" in die Verbalform; siehe § 109 ff. —

32. Ein pronomen reciprocum giebt es nicht. Die Gegenseitigkeit einer Handlung wird durch das Verbum selbst ausgedrückt, siehe § 117 und 118.

Pronomen relativum.

33. Die Kolhs, insonderheit die Mundaris, gebrauchen jetzt hin und wieder Relativpronomina, allein es scheint dies eine Neuerung, eine Nachahmung des Hindi zu sein; die alten Gesänge kennen sie nicht. Die jetzt angewendeten Formen stimmen mit denen des Interrogativpronomens überein. Man vermeide also so viel wie möglich Relativpronomina. Über Bildung von Relativsätzen siehe § 303. ff.

34. Pronomen interrogativum.

Singular.

	lebend		leblos.	
Nom.	oko, okoë	wer?	oko, okoa, chikana, chikan	was?
Gen.	okoya*)		okoara, chikanara	wessen?
Dat.	okoke		okoake	wem?
Acc.	okoke		okoake	wen, wer?
Abl.	okoëte		okoaëte	u. s. w.
Instr.	okote		okoate	„
Locat.	okore		okore und okoare.	

Dual.

Nom.	okoking	welche beiden? okoaking
Gen.	okokinga	welcher beiden? u. s. w.
Dat.	okokingke	u. s. w.
Acc.	okokingke.	
Abl.	okokingete.	
Instr.	okokingte.	
Locat.	okokingre.	

Plural.

Nom.	okoko	welche? okoako
Gen.	okokoa	u. s. w.
Dat.	okokoke.	
Acc.	okokoke.	
Abl.	okokoate und — etc.	
Instr.	okokote.	
Locat.	okokore.	

35. **oko**, wer? was? und **chikan**, was? werden nur in Verbindung mit einem Nomen gebraucht; „oko" für lebende und todte Wesen, „chikan" für leblose allein.

    oko horo?   welcher Mensch?
    oko ora?   welches Haus?
    chikan nutum?   welcher Name?

36. **okoë** und **okoa**, wer?, was?, werden stets ohne Nomen gebraucht, z. B. okoë menaya? wer ist da? okoa tana? was ist das?

---

*) Für okoëa wird der Euphonie wegen okoya gesprochen.

37. **chikana** (was?) wird ebenfalls **ohne** Nomen gebraucht; nea chikanatana? was ist das? chikanam rikakeda? was hast du gemacht? (**chia** wird gebraucht, um eine Frage einzuleiten).

38. Pronomen indefinitum.
jetai — jetan — jetana.
irgendwer — was.

jetai irgend wer, einer, eines, wird gebraucht für lebende Wesen **allein** und in Verbindung mit einem Nomen.

jetan irgend was, für leblose Wesen, **nur** in Verbindung mit einem Nomen; casus obliqui kommen also nicht vor.

jetana irgend was, wird **nur** allein gebraucht, und zwar nur im Singular.

39. Singular.

Nom.	jetai	jetana, irgend wer, irgendwas.
Gen.	jetaia	jetanara u. s. w.
Dat.	jetaike	jetanake.
Acc.	jetaike	jetanake.
Abl.	jetaiete	jetanaëte.
Instr.	jetaite	jetanate.
Locat.	jetaire	jetanare.

Dual.

Nom.	jetaking	irgend welche beiden u. s. w.
Gen.	jetakinga.	
Dat.	jetakingke.	
Acc.	jetakingke.	
Abl.	jetakingete.	
Instr.	jetakingte.	
Locat.	jetakingre.	

Plural.

Nom.	jetako	irgend welche.
Gen.	jetakoa	u. s. w.
Dat.	jetakoke.	
Acc.	jetakoke.	
Abl.	jetakoëte.	
Instr.	jetakote.	
Locat.	jetakore.	

40. **jetai** und **jetan** wird oft gebraucht wie der deutsche **unbestimmte Artikel** „ein", z. B. jetai horo, ein Mensch; jetan hatute senotanae, er geht in ein Dorf.

41. Von den Pronominibus gilt dieselbe Regel wie von den Adjektivis (§ 19): Wenn sie mit einem Nomen zusammenstehen, so stehen sie in der Stammform (Nominativ), selbst wenn jenes im Casus obliquus steht. Das Suffixum des Nomens gilt auch für das Pronomen.

42. Übersicht der Pronomina.
(Nominativform.)

Pronomen.	Singular.	Dual.	Plural.
Pron. personale.	1. aing ich. 2. am du. 3. ini, ae er, ena es.	1. aling u. alang wir beide. 2. aben ihr beide. 3. aking sie beide.	ale u. abu wir. ape ihr. ako sie.
Pr. demonstr. (näheres.)	ni, ne u. nea dieser, e, es.	niking diese beiden.	niko diese.
Pr. demonstr. (entfernteres.)	ini, en, ena jener, e, es.	enking } inking } jene beiden. enaking jenes beides	enko } inko } jene. enako jenes.
Pr. possessivum.	1. ainga mein. 2. ama dein. 3. inia sein.	1. alinga u. alanga unser beider. 2. abena euer „ 3. akinga ihrer „	alea u. abua unser. apea euer. akoa ihr.
Pr. reflexivum.	1. ainge ich selbst. 2. amge du „ 3. aege . er „	1. alingge u. alangge wir 2 selbst. 2. abenge ihr 2 „ 3. akingge. sie 2 „	alege u. abuge wir selbst. apege ihr „ akoge sie „
Pr. reciprocum	fehlt ganz; es wird durch Verbalbildung ausgedrückt.		
Pr. interrogativum.	oko u. okoë, wer? oko u. okoa, chikan u. chikana, was?	okoking, welche beide? okoaking)welches chikanaking)beides.	okoko, welche? okoako, } chikanako} welche?
Pr. relativum.	oko u. okoa, welcher, welche, welches.	okoking welche beide.	okoko, welche viele.
Pr. indefinitum.	jetai, irgend wer. jetana, irgend was.	jetaking, irgend welche zwei.	jetako irgeudwelche viele.

Für das fehlende Korrelativpronomen wird das Pr. demonstr gebraucht.

V. Das Verbum.

43. Das Verbum ist in der Kolhsprache der am vielseitigsten ausgebildete und in vieler Hinsicht wichtigste Redeteil.
44. Der Numerus ist, wie in der Declination, ein dreifacher: Singular, Dual und Plural.
45. Die Tempora sind: Präsens (definitum und indefinitum), Imperfectum, Futurum, Perfectum (definitum und indefinitum) und Plusquamperfectum.
46. Die Modi sind: Indicativ, Conjunctiv, Conditionalis, Imperativ, Infinitiv und Participium.
47. Man unterscheidet transitive und intransitive, passive, mediale und reciproke Verba.
48. Genusendungen haben die Verba nicht.
49. Die Participia können alle substantiviert werden.
50. Die Person wird zumeist doppelt, durch Voranstellung und Anhängung des pron. person. (in voller oder verkürzter Form*) ausgedrückt, zuweilen aber auch nur einfach durch Voranstellung oder Anhängung:

   aing sentanaing ich gehe.
   sentanaing „ „
   aing sentana. „ „

51. Das angehängte pronomen personale kann auch in verkürzter Form, an das, der Verbalform vorstehende Wort angehängt werden, wenn dieses ein anderes, als das am Anfange stehende Personalpronomen ist, z. B.

  statt: aing gapa senoaing
 setzt man: aing gapa-ing senoa
   ich werde morgen gehen.

52. Ist das der Verbalform vorangehende Wort eine Negation, so muſs die Personalendung mit derselben verbunden werden. Es kann nie heiſsen:
aing ka senoaing, sondern muſs heiſsen: aing kaing senoa, ich werde nicht gehen. Nie: ape ka hijulenape, sondern: ape kape hijulena ihr seid nicht gekommen.

---

*) Endigt der·Verbalstamm auf „a", so werden die verkürzten Formen: ing, m, e, ling, lang, king etc. gebraucht, das „a" also nicht wiederholt.

53. Die Hülfsverba „menatea, sein" und „howaotea, werden."

Praesens Ind. S. 1. aing menainga — ich bin.
2. am menamea — du bist.
3. ini menaya — er, sie ist.
   ena mena — es ist.
D. 1. aling menalinga (exklusiv).
   alang menalanga (inklusiv).
2. aben menabena.
3. aking menakinga.
Pl. 1. ale menalea (exklusiv).
   abu menabua (inklusiv).
2. ape menapea.
3. ako menakoa.

Imperfectum. S. 1. aing taikenaing ich war u. s. w.
2. am taikenam.
3. ini taikenae.
   ena taikena.
D. 1. aling taikenaling.
   alang taikenalang.
2. aben taikenaben.
3. aking taikenaking.
Pl. 1. ale taikenale.
   abu taikenabu.
   ape taikenape.
   ako taikenako.

Futurum. Für dasselbe (ich werde sein) wird das Futurum von howaotea, „howao-aing" gebraucht; siehe unten.

Particip. Präs. tan, seiend.

howaotea werden.

Praesens Ind. 1. aing howaotanaing ich werde u. s. w.
2. am howaotanam.
3. ini howaotanae.
   ena howaotana.

	D. 1.	aling	howaotanaling.
		alang	howaotanalang.
	2.	aben	howaotanaben.
	3.	aking	howaotanaking.
	Pl. 1.	ale	howaotanale.
		abu	howaotanabu.
	2.	ape	howaotanape.
	3.	ako	howaotanako.
Imperfectum.	S. 1.	aing	howaotan taikenaing ich wurde u. s. w.
	2.	am	howaotan taikenam.
	3.	{ini	howaotan taikenae.
		{ena	howaotan taikena.
	D. 1.	{aling	howaotan taikenaling.
		{alang	howaotan taikenalang.
	2.	aben	howaotan taikenaben.
	3.	aking	howaotan taikenaking.
	Pl. 1.	{ale	howaotan taikenale.
		{abu	howaotan taikenabu.
	2.	ape	howaotan taikenape.
	3.	ako	howaotan taikenako.
Perf. def.	S. 1.	aing	howakanaing ich bin geworden.
	2.	am	howakanam.
	3.	{ini	howakanae.
		{ena	howakana.
	D. 1.	{aling	howakanaling.
		{alang	howakanalang.
	2.	aben	howakanaben.
	3.	aking	howakanaking.
	Pl. 1.	{ale	howakanale.
		{abu	howakanabu.
	2.	ape	howakanape.
	3.	ako	howakanako.
Perf. indefini- tum.	S. 1.	aing	howajanaing ich wurde.
	2.	am	howajanam.
	3.	{ini	howajanae.
		{ena	howajana.
	D. 1.	{aling	howajanaling.
		{alang	howajanalang.

		2. aben	howajanaben.	
		3. aking	howajanaking.	
	Pl. 1. ale	howajanale.	
		abu	howajanabu.	
		2. ape	howajanape.	
		3. ako	howajanako.	
Futur.	S. 1. aing	howaoaing	ich werde sein und
	2. am	howaoam.	[werden.
	3. {ini	howaoae.	
	{ena	howaoa.	
	D. 1. {aling	howaoaling.	
	{alang	howaoalang.	
	2. aben	howaoaben.	
	3. aking	howaoaking.	
	Pl. 1. {ale	howaoale.	
	{abu	howaoabu.	
	2. ape	howaoape.	
	3. ako	howaoako.	
Conjunctiv.	S. 1. aing	howaokaing	ich möge werden
Praes.	2. am	howaokam.	[oder sein.
	3. {ini	howaokae.	
	{ena	howaoka.	
	D. 1. aling	howaokaling.	
	alang	howaokalang.	
	2. aben	howaokaben.	
	3. aking	howaokaking.	
	Pl. 1. ale	howaokale.	
	abu	howaokabu.	
	2. ape	howaokape.	
	3. ako	howaokako.	
Part. praes.		howaotan werdend.	
Part. Perf. def.		howakan und howakante ge-	
			[worden.
Part. Perf. indef.		howajante } geworden.	
		howajan }	

54. **Das Verbum intransitivum.**

Ich gebe zunächst das Paradigma des intransitiven Verbums, und werde am Schlusse desselben die erläuternden Bemerkungen über die Bildung etc. desselben anfügen.

Verbalstamm „hiju" kommen.

Praes. Ind. defin.		S.	1. aing	hijutanaing	ich komme.
			2. am	hijutanam	du kommst.
			3. ini	hijutanae	er kommt.
			ena	hujatana	es kommt.
		D.	1. aling	hijutanaling	wir beide k.
			alang	hijutanalang	„ „ „
			2. aben	hijutanaben	ihr „ k.
			3. aking	hijutanaking	sie „ „
		Pl.	1. ale	hijutanale	wir kommen.
			abu	hijutanabu	„ „
			ape	hijutanape	ihr kommt.
			ako	hijutanako	sie kommen.
Praes. indef.		S.	1. aing	hijujadaing, ist wenig gebräuchlich.	
			am	hijujadam.	
			ini	hijujadae u. s. w.	
Conj. Praes.		S.	1. aing	hijukaing ich möge kom. u. s. w.	
			2. am	hijukam.	
			3. ini	hijukac.	
			ena	hijuka.	
		D.	1. aling	hijukaling.	
			alang	hijukalang.	
			2. aben	hijukaben.	
			3. aking	hijukaking.	
		Pl.	1. ale	hijukale.	
			abu	hijukabu.	
			2. ape	hijukape.	
			3. ako	hijukako.	
Imperf. Pr.		S.	1. aing	hijutan taikenaing, ich war kom-	
			2. am	hijutan taikenam.	[mend.
			3. ini	hijutan taikenae.	
			ena	hijutan taikena.	
		D.	1. aling	hijutan taikenaling.	
			alang	hijutan taikenalang.	
			2. aben	hijutan taikenaben.	
			3. aking	hijutan taikenaking.	
		Pl.	1. ale	hijutan taikenale.	
			abu	hijutan taikenabu.	
			2. ape	hijutan taikenape.	
			3. ako	hijutan taikenako.	

Futurum. S. 1. aing hiju-aing ich werde kommen u. s. w.
2. am hijuam.
3. {ini hijuae.
   {ena hijua.
D. 1. {aling hijualing.
      {alang hijualang.
2. aben hijuaben.
3. aking hijuaking.
Pl. 1. {ale hijuale.
       {abu hijuabu.
2. ape hijuape.
3. ako hijuako.

Perf. def. S. 1. aing hiju-akanaing*) ich bin gekommen.
2. am hijuakanam.
3. ini hijuakanae.
   ena hijuakana.
D. 1. aling hijuakanaling.
      alang hijuakanalang.
2. aben hijuakanaben.
3. aking hijuakanaking.
Pl. 1. ale hijuakanale.
       abu hijuakanabu.
2. ape hijuakanape.
3. ako hijuakanako.

Perf. indef. S. 1. aing hiju-len-aing ich bin gekommen,
2. am hijulenam. [ich kam u. s. w.
3. {ini hijulenae.
   {ena hijulena.
D. 1. {aling hijulenaling.
      {alang hijulenalang.
2. aben hijulenaben.
3. aking hijulenaking.
Pl. 1. {ale hijulenale.
       {abu hijulenabu.
2. ape hijulenape.
3. ako hijulenako.

---

*) Gebräuchlich auch die Form bij-akanaing.

Plusquam- perfectum.	S.	1. aing	hijulen taikenaing.	ich war ge- [kommen.
		2. am	hijulen taikenam.	
		3. {ini {ena	hijulen taikenae. hijulen taikena.	
	D. 1.	{aling {alang	hijulen taikenaling. hijulen taikenalang.	
		2. aben	hijulen taikenaben.	
		3. aking	hijulen taikenaking.	
	Pl. 1.	{ale {abu	hijulen taikenale. hijulen taikenabu.	
		2. ape	hijulen taikenape.	
		3. ako	hijulen taikenako.	
M. Conditio- nalis. Praes.	S.	1. aing	hijutan-redoing	wenn ich käme
		2. am	hijutanredom	[oder komme u.s.w.
		3. ini	hijutanredoe.	
	D. 1.	{aling {alang	hijutanredoling. hijutanredolang.	
		2. aben	hijutanredoben.	
		3. aking	hijutanredoking.	
	Pl. 1.	{ale {abu	hijutanredole. hijutanredobu.	
		2. ape	hijutanredope.	
		3. ako	hijutanredoko.	
Cond. Imperf.	S.	1. aing	hijutan taikenredoing	wenn ich kommend wäre und bin.
	D.	1. aling	hijutan taikenredoling.	
	Pl.	1. ale	hijutan taikenredole u. s. w.	
Cond. Futuri.	S.	1. aing	hijuredoing	wenn ich kommen würde und werde.
	D.	1. aling	hijuredoling.	
	Pl.	1. ale	hijuredole u. s. w.	
Cond. Perf. def.	S.	1. aing	hijuakanredoing	wenn ich ge- kommen wäre oder bin.
	D.	1. aling	hijuakanredoling.	
	Pl.	1. ale	hijuakanredole.	
Cond. Perf. in d.	S.	1. aing	hijulenredoing	wenn ich gekom- men wäre (bin) oder käme.
	D.	1. aling	hijulenredoling.	
	Pl.	1. ale	hijulenredole u. s. w.	

Cond. Plusquamperf.	S. 1.	aing hijulen taikenredoing.
	D. 1.	aling hijulen taikenredoling.
	Pl. 1.	ale hijulen taikenredole u. s. w.

Imperativus.

Imp. Praes.	S.	hijume komme.
	D.	hijuben kommt (beide).
	Pl.	hijupe kommt (ihr viele).

Die 1. und 3. Person des Singular, Dual und Plural werden vom Conj. Praes. genommen.

Infinitivi.

Inf. Praes.	hijutea kommen.
Inf. Perf. def.	hijuakantea u. hijakantea } gekommen sein.

Participia.

Part. praes. d.	hijutan kommend, hijutani der kommende.
Part. praes. ind.	hijujad, hijuyad, hijunad kommend (wenig gebräuchlich).
Part. Imperf.	hijutan {taikeni taiken} der da kommend war.
Part. Futuri.	hiju-ni der kommen werdende.
Part. Perf. def.	{hijuakan gekommen. hijuakani der gekommen seiende. hijuakante gekommen seiend.
Part. Perf. ind.	{hijulen gekommen. hijuleni der gekommen seiende. hijulente gekommen seiend. hijujan gekommen.
Part. Plusqu.	hijulen {taikeni taiken} der da gekommen war.

55. **Erläuternde Bemerkungen über die Bildung des intransitiven Verbs.**

Der Indicativ Praesentis wird gebildet durch Anhängung des Partic. praesentis des Hilfsverbums „tan" an den Verbalstamm „hiju", und Anfügung des pronomen personale „aing am, ae, aling, alang, ale abu, ape, ako", welche auch sämtlich (mit Ausnahme der 3. Person Singularis, wo „ini" gesetzt wird) dem so gebildeten Verbum vorgesetzt werden können. Siehe über Auslassung § 50.

56. Die 3. Person Singularis hat zwei Formen, die eine „ini hijutanae" für lebende Wesen, die andere „ena hijutana" für leblose.

57. Der Dual hat 2 Formen für die erste Person, eine exklusive und inklusive: „aling", wenn jemand von sich und seinem Genossen zu einem dritten redet, diesen letzteren aber ausschliefst, z. B. He Gomke, aling hijutanaling, O Herr, wir (beide) kommen; „alang" ist die inklusive Form, wodurch der Angeredete mit eingeschlossen wird.

58. Eben so verhält es sich mit den beiden Formen der ersten Person Pluralis „ale hijutanale" und „abu hijutanabu" „wir kommen". Erstere ist exklusiv und schliefst den Angeredeten aus, letztere, inklusive, schliefst denselben ein. Siehe auch § 26.

59. Einige wenige Verba haben einen doppelten Verbalstamm z. B. „sen" und „seno" gehen. Eine Regel läfst sich darüber nicht aufstellen, sie müssen durch den Gebrauch gelernt werden.

60. Das Moduszeichen des Conjunktiv ist „k", welches an den reinen Stamm angehängt wird: hiju-k-aing ich möge kommen, seno-k-ae er möge gehen, birid-k-ale wir mögen aufstehen, sahating-k-aling wir (beide) mögen leiden.

61. Einige Verba fügen, der Euphonie wegen, zwischen Stamm und Moduszeichen einen Vokal „e" ein, z. B. dube-k-ae er möge sitzen; ruar-e-k-ako sie mögen zurückkommen; seter-e-k-alang wir (beide) mögen ankommen.

62. Das Praes. indefinitum wird gebildet durch Anhängung von „jad", yad und (in einigen Gegenden) „nad" an den Verbalstamm mit nachfolgendem Pronomen personale, z. B. sen-jad-aing ich gehe; senbara-jad-ale wir gehen umher; orong-jad- (und nad) -abu wir gehen hinaus.

63. Das Imperfectum wird gebildet durch Anfügung des Imperfekts des Hilfsverbums an das Participium praesentis: hijutan taikenaing; aing sentan taikenaing ich gehend war

(ich); abu hasutan taikenabu, wir waren krank; ena jotan taikena, er fruchtbringend war.

64. Auch vom Particip des Praesens indefinitum kann ein Imperfectum gebildet werden, doch ist dasselbe weniger gebräuchlich: aing hijujad taikenaing ich war kommend; aing senbarayad taikenaing ich war umhergehend.

65. Am einfachsten ist die Bildung des Futuri, welches an den reinen Verbalstamm nur die Personalendung anhängt: hiju-aing, ich werde kommen; birid-aing, ich werde aufstehen; seter-abu, wir werden ankommen; ale danaberale, wir werden wandern; am gojo-am, du wirst sterben.

66. Auch im Futurum setzen einige Verba hinter den Stamm und vor die Pronominalendung ein „e", z. B. statt ruar-aing, ruar-e-aing ich werde zurückkommen, dub-aing und dub-e-aing ich werde sitzen.

67. Das Perfectum definitum wird gebildet durch Anhängung von „akan" an den Verbalstamm (d. h. von dem Participium Perf. definit. „hijuakan") orang-akanaing, ich bin herausgegangen; abu birid-akan-abu, wird sind aufgestanden u. s. w.

68. Das Perfect. indefinitum hat mehrere Modusstämme: „len, ken, jan", welche, mit wenig Ausnahmen, für alle Verba gebraucht werden können. Durch Anhängung derselben an den Verbalstamm wird das Particip. Perf. indef. gebildet „hijulen, bijujan", durch Vorsetzung und Anfügung des Pron. personale vor und an dasselbe das Perf. definitum aing hijulen-aing, ich bin gekommen; abu birid-len-abu, wir sind aufgestanden; alang sen-ken-alang, wir sind gegangen; am orongjan-am, du bist herausgegangen.

69. Ungebräuchlich sind die Formen: „hijukenaing, senolenae u. a. m.

70. Das Plusquamperfectum wird gebildet durch das Partic. Perf. indef. (hijulen, senken, orongjan) mit Vorsetzung des Pron. personale und Anfügung des Imperfects des Hilfszeitwortes „taikenaing, taikenam etc. aing senken taikenaing, ich war gegangen; ini birid-len taikenae, er war aufgestanden; ako seterlen taikenako, sie waren angekommen u. s. w.

71. In der Bildung des Modus conditionalis zeigt die Sprache eine grofse Einfachheit und Kürze. Von sämt-

lichen temporibus kann dieser Modus gebildet werden durch Einfügung von „re" oder allgemeiner „redo" vor der Personalendung „aing, am, ae" u. s. w., welche in diesem Falle durchgehend verkürzt wird: statt aing, am, ae, aling, alang, aking ale, abu, ape, ako durch Fortlassung des „a" ing, m, e, ling, lang, king u. s. w.

z. B. hijutan-redo-ing, wenn ich komme und käme; senotan taiken-redo-ing, wenn ich gehe und ginge; ruarlen-redo-ing, wenn ich zurückgekommen bin oder wäre; dubakan-redo-m, wenn du gesessen hättest, — jo-redo-e, wenn er Frucht bringen würde oder wird.

72. Wenn sich die Thätigkeit des Verbs auf ein **lebloses** Wesen bezieht, so fällt das „e" am Ende weg, z. B. ena joredo, wenn er (der Baum) Frucht tragen würde u. s. w.

73. Was § 51 von der **Translokation der Personalendung** gesagt ist, hat natürlich auch auf die Formen des Modus kondit. Bezug, z. B. am gapa-m senredo, kam tebaia, wenn du morgen gehen wirst, wirst du nicht ankommen; ape bugi lekatepe kamiredo, nalape namea, wenn ihr auf gute Weise arbeiten werdet, so werdet ihr Lohn empfangen.

74. Endigt das, dem Verbum vorangehende Wort auf einen Konsonanten, so wird vor der abgekürzten Form der 2. Person Singularis des pronomen personale der Bindevokal „e" eingeschoben, z. B. am tisingem hijuakanredo bugiotea, wenn du heute gekommen wärest, so wäre das gut gewesen; am ladem omaing-redo sukuoaing, wenn du mir Brot geben wirst, werde ich mich freuen.

75. Der **Imperativ** hat nur **besondere** Formen für die 2. Personen des Singularis, Dualis und des Pluralis, in denen me, ben und pe an den Verbalstamm angehängt werden: hiju-me, komme; sen-oben, gehet; birid-pe, steht auf; für die übrigen wird der Conj. gebraucht.

76. Endigt der Stamm des Verbums auf einen Konsonanten, so wird zwischen Stamm und Endung oft ein „e" eingeschoben: rakab-e-me, steige hinauf; ruar-e-pe, kommt zurück u. s. w.

77. An Stelle der obengenannten, gewöhnlichen Endungen werden auch noch andere gebraucht, z. B. für orongeme = orong-em, komme heraus; für hijume = hijutam, auch „hiju-

mea, hijubena, hijupea; letztere Form für Mädchen oder kleinere Kinder.

78. Von einigen Verbis wird auch ein **Imperativ Perfecti definiti** gebildet, und zwar durch Anhängung von „me, ben, pe" an den Tempus-Stamm, z. B. hapakan-me, hapakan-pe sei-seid stille, eigentlich „sei ein stille gewordener", — oder dubakan-pe, setzt euch = seid sitzend gewordene, und ähnliche.

79. Der **Infinitiv** aller Tempora wird gebildet durch Anhängung von „tea" an den Verbalstamm.

80. Die **Participia** haben (wenig gebräuchlich das Partic. praes. indefiniti) eine doppelte Form, eine adjektivische und substantivische; letztere wird durch Anhängung von „i" gebildet und ist deklinabel. In der Deklination bleibt das „i" durch alle Casus des Singular und wird die betreffende Endung an dasselbe gehängt; im Dual und Plural fällt es vor der Casus-Endung fort.

z. B. S. N. hijutani.   Dual. hijutanking.
Gen. hijutania.   . hijutankinga.
D. hijutanike.   hijutankingke.
Acc. hijutanike.   u. s. w.
Voc. he hijutani.   Plural. hijutanko.
Abl. hijutaniete.   hijutankoa.
Instr. hijutanite.   hijutankoke.
Locat. hijutanire.   u. s. w.

hijutan taikeni, taikenia, taikenike u. s. w.
hijutan taikenking, taikenkinga u. s. w.
hijutan taikenko, taikenkoa u. s. w.

81. Die Bildung des **Part. praes. def.** selbst besteht, wie das Paradigma zeigt, in Anhängung von „tan", dem Partic. praesentis des Hülfsverbums, an den reinen Verbalstamm.

82. Das **Part. Imperfecti**, hijutan {taiken / taikeni, gebildet vom Imperfectum aing hijutan taikenaing; die Bildung besteht nur in Weglassung des vorgesetzten und angehängten Pron. personale und event. Anfügung des substantivierenden „i".

83. Das **Participium Futuri** wird gebildet durch Anhängung von „ni" an den Verbalstamm und Verlängerung

des vorhergehenden Vokals, „hĭju"-hijŭni, der kommen werdende; dŭb (Stamm) dŭbni, der sitzen werdende; sĕn-sĕnni, der gehen werdende.

84. Das Participium Perf. def. hängt akan, akani, an den Stamm des Verbums.

85. Die Form „hijuakante" (es wird anstatt „te" auch „chi" häufig gesetzt) wird gebraucht, um ausdrücklich hervorzuheben, dafs eine Handlung vor einer andern geschehen ist; hijuakante oder hijuakanchi jomkedae, nachdem er gekommen war, afs er.

86. Das Part. perfecti indefiniti wird gebildet durch Anhängung von „len, leni, lente, jan (lenchi), z. B. senlen, gegangen seiend; hasuleni, der krank gewordene; seterlenchi, angelangt seiend; dubjante kajikedae, sich gesezt habend, sagte er; ruarlente goëjanae, zurückgekommen seiend, starb er; biridjante senoyanae, aufgestanden seiend, ging er fort.

87. Part. Plusquamperfecti wird vom Plusqu. gebildet, wie das Part. Imperf. vom Imperfectum, z. B. rakablen taikeni, der da hinaufgestiegen war; hijulen taiken imtage gerade als er gekommen war.

88. Verbum transitivum.

Das Verbum transitivum wird in den meisten temporibus und den von diesen abgeleiteten modis, wie das Verbum intransitivum gebildet; abweichend sind nur die Perfect-Formen. Die 3. Person Singularis hat natürlich nur eine Form.

89. Paradigma: abungtea, waschen.

Praes. Ind. S. aing abungtanaing ich wasche.
defin.   u. s. w.
Praes. ind. S. aing abungjadaing ich wasche.
                        u. s. w.
Conj. Praes.   aing abungkaing, ich möge waschen.
                        u. s. w.
Imperf.   aing abungtan taikenaing, ich war waschend.
                        u. s. w.
Futurum.   aing abungaing, ich werde waschen.
                        u. s. w.

Perf. def.	S. 1. aing	abungakadaing,	ich habe ge- [waschen.
	2. am	abungakadam.	
	3. ini	abungakadae.	
	D. 1. aling	abungakadaling.	
	alang	abungakadalang.	
	2. aben	abungakadaben.	
	3. aking	abungakadaking.	
	Pl. 1. ale	abungakadale.	
	abu	abungakadabu.	
	2. ape	abungakadape.	
	3. ako	abungakadako.	
Perf. indef.	1. aing	abungkedaing	ich habe gewaschen.
	2. am	abungkedam.	
	3. ini	abungkedae.	
	D. 1. aling	abungkedaling.	
	alang	abungkedalang.	
	2. aben	abungkedaben.	
	3. aking	abungkedaking.	
	Pl. 1. {ale	abungkedale.	
	abu	abungkedabu.	
	2. ape	abungkedape.	
	3. ako	abungkedako.	

Wenn die Thätigkeit des Verbums sich auf ein lebendes Wesen erstreckt, so wird das Perf. defin. gebildet:

    aing abungakai-aing ich habe (ihn) gewaschen.
    am abungakai-am.
    ini abungakai-ae.
        u. s. w.

und das Perf. indefinitum:

    aing abung-ki-aing ich habe ihn gewaschen.
    am abung-ki-am.
    ini abung-kiae.
        u. s. w.

Aufserdem kommen für das Perf. indefinitum noch die Endungen: laa, leda und tada vor, für welche resp. „lai, li und tai" gesetzt wird; auch „ad" und „ai" kommt vor: neladkochi Part. Perf. ind.

                        aing abungledaing, ich habe gewaschen.
                        am   abungledam.
                        ini   abungledae.
                        u. s. w.
und, auf ein lebendes Wesen bezüglich:
                        aing abungliaing ich habe ihn ge-
                        am   abungliam.   [waschen.
                        ini   abungliae.
                        u. s. w.

Plusquam-   S. 1. aing abungakad und } taikenaing.
perfect. def.   aing abungakai
                        am   abungakad und } taikenam.
                        am   abungakai
                        ich hatte (resp. ihn) gewaschen.
                        u. s. w.
Plusq. ind.   S.   aing abungked und } taikenaing.
                        aing abungki
                        am   abungked und } taikenam.
                        am   abungki
                        u. s. w.
Mod. Conditio- S.   aing abungtanredoing, wenn ich wasche
nalis Praes.   u. s. w.
Impf.   S.   aing abungtan taikenredoing u. s. w.
                        Imperativ.
Imp. Praes.   S.   abung-e-me wasche (lebloses Objekt).
                        abung-i-me   „   (lebendes Objekt).
                D.   abungeben } waschet (ihr beide).
                        abungiben
                Pl.   abungepe } waschet (ihr viele).
                        abungipe
Die 1. und 3. Person Singularis, Dualis und Pluralis wird vom Conj. Praesentis genommen.

                        Participia.
Part. praes. def.   abungtan-abungtani
                        waschend und der waschende.
Part. praes. ind.   abungjad und abungjadni
                        waschend und der wascheude.
Part. Futuri.   abungni der waschen werdende.

Part. Perf. def.	abungakad gewaschen habend.
	abungakadni der gewaschen habende.
	abungakai der (ein lebendes Wesen) [gewaschen habende.
	abungakadte gewaschen habend.
Part. Perf. ind.	abungked⎫ gewaschen habend. abungki ⎭
	abungked-te
	abungkite „
	abungkiate
	abung-keate „
	abungkedchi „
	abungkichi. „
Part. Plusqu. def.	abungakad⎫ taiken und taikeni. abungakai ⎭
Part. Plusqu. ind.	abungked, abungki-taiken und taikeni.

Infinitiv.

Praes.	abungtea waschen.
Perf. def.	abungakadtea gewaschen haben.
Perf. ind.	abungkedtea „ „
	abungledtea „ „
	abungtad-tea. „ „

90. Geht die Thätigkeit des Verbi transitivi auf ein lebendes Wesen, so werden noch folgende Formen gebraucht:

Praes. Ind. def.	aing abung-i-tanaing.
Imperf.	aing abung-i-tan taikenaing.
Futurum.	aing abung-i-aing.
Mod. cond.	aing abung-i-redoing.
Mod. cond. Imperf.	aing abungitan taikenredoing.
Part. praes. def.	abungitan und abungitani.

91. Geht die Thätigkeit aber auf ein lebloses Wesen, so wird statt des „i" ein „e" inseriert, z. B. aing abungetanaing; aing abungeaing; aing abungeredoing u. s. w.

92. Beim Praes. indefinitum, Perfectum definitum, Perf. indefinitum, Plusquamperfectum def. und indef. Part. Praes. indefinit. Part. Perf. def. und indef. und den Participien des Plusquamperfects, findet diese Einschiebung von „i" und „e"

nicht statt; es werden für lebende und leblose Wesen besondere Formen gebraucht, wie das Paradigma zeigt.

93. **Das Verbum transitivum in Verbindung mit dem direkten und indirekten Object, Accusativ und Dativ.**

94. Ist das direkte oder indirekte Objekt ein Pronomen personale, so wird dasselbe oder seine verkürzte Form in das Verbum aufgenommen; ist dasselbe ein lebendes Wesen, so wird der Numerus desselben durch „i", „king" und „ko" in dem Verbum selbst zum Ausdruck gebracht.

95. Regiert das Verbum 2 Objekte, ein direktes und ein indirektes, so hat das letztere (im Dativ stehende) den Vorzug, im Verbum zum Ausdruck zu gelangen.

96. Das Weitere zeigt das Paradigma.

Praes. S. 1. aing abungmetanaing, ich wasche dich.
def.   aing abung-i-tanaing,   „   „   ihn.
Ind.   aing abung-ben-tanaing, „   „   euch beide.
              aing abungking-tanaing „   „   sie „
              aing abungpetanaing,   „   „   euch „
              aing abung-ko-tanaing,   „   „   sie „
      S. 2. am abung-ing-tanam, du wäscht mich.
              am abungitanam,   „   „   ihn.
              am abungkingtanam,   „   „   sie beide.
              am abungkotanam,   „   „   sie.
              am abunglingtanam,   „   „   uns beide.
              am abungletanam,   „   „   uns.
      S. 3. ini abung-ing-tanae, er wäscht mich.
              ini abunglingtanae,   „   „   uns beide.
              ini abungletanae,   „   „   „
              ini abungbutanae,   „   „   „
              ini abungmetanae,   „   „   dich.
              ini abungbentanae,   „   „   euch beide.
              ini abungpetanae,   „   „   euch.
              ini abungkingtanae,   „   „   sie beide.
              ini abungkotanae,   „   „   sie.
      D. 1. aling abungmetanaling, wir waschen dich.
              aling abungbentanaling, „   „   euch beide.
              aling abungpetanaling, „   „   euch.
              aling abungitanaling,   „   „   ihn.

aling abungkingtanaling, wir waschen sie beide.
aling abungkotanaling, „ „ sie.

alang abungitanalang, wir waschen ihn.
alang abungkingtanalang, „ „ sie beide.
alang abungkotanalang, „ „ sie.

D. 2. aben abungingtanaben, ihr beide waschet mich.
aben abunglingtanaben, „ „ „ uns beide.
aben abungletanaben, „ „ „ „
aben abungitanaben, „ „ „ ihn.
aben abungkingtanaben, „ „ „ sie beide.
aben abungkotanaben, „ „ „ sie.

D. 3. aking abungingtanaking sie „ waschen mich.
aking abunglingtanaking, „ „ „ uns beide.
aking abunglangtanaking, „ „ „ „ „
aking abungletanaking, „ „ „ „
aking abungbutanaking, „ „ „ „
aking abungbentanaking, „ „ „ euch beide.
aking abungpetanaking, „ „ „ „
aking abungkingtanaking, „ „ „ sie beide.
aking abungkotanaking, „ „ „ sie.

Pl. 1. ale abungmetanale, wir waschen dich.
ale abungbentanale, „ „ euch beide.
ale abungpetanale, „ „ euch.
ale abungitanale, „ „ ihn.
ale abungkingtanale, „ „ sie beide.
ale abungkotanale, „ „ sie.

abu abungkotanabu, wir waschen sie.
abu abungitanabu, „ „ ihn.
abu abungkingtanabu, „ „ sie beide.

Pl. 2. ape abungingtanape, ihr waschet mich.
ape abunglingtanape, „ „ uns beide.
ape abungletanape, „ „ „
ape abungitanape, „ „ ihn.
ape abungkingtanape, „ „ sie beide.
ape abungkotanape, „ „ sie.

Pl. 3. ako	abungingtanako,	sie waschen	mich.
ako	abunglingtanako,	„ „	uns beide.
ako	abunglangtanako,	„ „	„ beide.
ako	abungletanako,	„ „	„
ako	abungbutanako,	„ „	„
ako	abungmetanako,	„ „	dich.
ako	abungbentanako,	„ „	euch beide.
ako	abungpetanako,	„ „	„
ako	abungitanako,	„ · „	ihn.
ako	abungkotanako,	„ „ ‘	sie.

97. Vorstehendes zeigt, welche Pron. pers. in ihrer Abkürzung in das Verbum (und zwar beim Praes. definitum zwischen Verbalstamm und Tempuscharakter) eingeschoben werden. In der Folge wird von jeder Person nur ein Beispiel gegeben werden.

98. Beim Praes. indefinitum wird das Pr. personale zwischen Tempuscharakter „jad" und der Personalendung eingeschoben:

aing abungjadaing, ich wasche.
S. 1. aing abungjad-me-aing, ich wasche dich.
2. am abungjad-ing-am, du wäschest mich.
3. ini abungjad-ko-ae, er wäscht sie.
D. 1. {aling abungjad-ben-aling, wir waschen euch beide.
{alang abungjad-king-alang, wir waschen sie beide.
Pl. 1. ale abungjad-pe-ale, wir waschen euch.
abu abungjad-ko-abu, wir waschen sie.
2. ape abungjad-ing-ape, ihr waschet mich.
3. ako abungjad-me-ako, sie waschen dich.

99. Im Conj. Praes. wird das abgekürzte Pron. pers. an den Verbalstamm angehängt:

aing abung-kaing, ich möge waschen.
S. 1. aing abung-me-kaing, ich möge dich waschen.
2. am abung-ing-kam, du mögest mich waschen.
3. ini abung-e-kae, er möge es waschen.
D. 1. aling abung-i-kaling, wir mögen ihn waschen.
alang abung-kingkalang, wir mögen sie beide waschen.
2. aben abung-kokaben, ihr beide möget sie waschen.
3. aking abung-pekaking, sie beide mögen euch waschen.

Pl. 1. ale abung-mekale, wir mögen dich waschen.
    abu abung-ekabu, wir mögen es waschen.
 2. ape abung-lingkape, ihr möget uns beide waschen.
 3. ako abung-bukako, sie mögen uns waschen.

100. Das Imperfectum wird behandelt wie der Ind. Praesentis def.

S. 1. aing abung-ko-tan taikenaing, ich wusch sie.
 2. am abung-ling-tan taikenam, du wuscht uns beide.
 3. ini abung-bu-tan taikenae, er wusch uns.
D. 1. aling abung-me-tan taikenaling, wir beide wuschen dich.
    alang abung-e-tan taikenalang, wir beide wuschen es.
 2. aben abung-ing-tan taikenaben, ihr beide wuschet mich.
 3. aking abung-i-tan taikenaking, sie beide wuschen ihn.
Pl. 1. ale abung-pe-tan taikenale, wir wuschen euch.
    abu abung-e-tan taikenabu, wir wuschen es.
 2. ape abung-le-tan taikenape, ihr wuschet uns.
 3. ako abung-ben-tan taikenako, sie wuschen euch.

101. Das Futurum nimmt das Pr. pers. zwischen Verbalstamm und Personalendung.

S. 1. aing abung-e-aing, ich werde es waschen.
 2. am abung-i-am, du wirst ihn waschen.
 3. ini abung-ing-ae, er wird mich waschen.
D. 1. aling abung-me-aling, wir beide werden dich waschen.
    alang abung-ko-alang, wir beide werden sie waschen.
 2. aben abung-le-aben, sie beide werden uns waschen.
 3. aking abung-bu-aking, sie beide werden uns waschen.
Pl. 1. ale abung-pe-ale, wir werden euch waschen.
    abu abung-e-abu, wir werden es waschen.
 2. ape abung-king-ape, ihr werdet sie beide waschen.
 3. ako abung-bu-ako, sie werden uns waschen.

102. Das Perf. def. und indefinitum schiebt die Pr. pers. zwischen Tempuscharakter und Personalendung ein:

    aing abung-akad-aing.
S. 1. aing abungakad-me-aing, ich habe dich gewaschen.
 2. am abungakad-ing-am, du hast mich gewaschen.
S. 3. ini abungakad-lang-ae, er hat uns beide gewaschen.

D. 1. alang abungakad-king-alang, wir beide haben sie beide
[gewaschen.
aling abungakad-ben-aling, wir beide haben euch beide
[gewaschen.
Pl. 1. ale abungakad-pe-ale, wir haben euch „
abu abungakad-ko-abu, wir haben sie „
2. ape abungakad-le-ape, ihr habt uns „
3. ako abungakad-bu-ako, sie haben uns „

Perf. indefinitum.

S. 1. aing abung-ked-me-aing, ich habe dich „
D. 1. aling abung-ked-pe-aling, wir beide haben euch „
Pl. 1. ale abung-ked-king-ale, wir haben die beiden „
2. ape abungki-ape, ihr habt ihn „
u. s. w.
oder:
S. 2. am abung-tad-ko-am, du hast sie „
D. 2. aben abung-tad-ing-aben, ihr beide habt mich „
Pl. 2. ape abung-tad-le-ape, ihr habt uns „
u. s. w.
oder:
S. 3. ini abung-led-ing-ae, er hat mich „
D. 3. aking abung-led-me-aking, sie beide haben dich „
Pl. 3. ako abung-led-bu-ako, sie haben uns „
ako abung-li-ako, sie haben ihn „
u. s. w.

103. Plusquamperf. def. und indef. wird gebildet wie folgt:

S. 1. aing abungakad-me-taikenaing, ich hatte dich ge-
[waschen.
2. am abungakad-ko-taikenam, du hattest sie „
3. ini abungakad-king-taikenae, er hatte sie beide „
ini abungakai-taikenae, er hatte ihn „
u. s. w.
S. 1. aing abungked-pe-taikenaing, ich hatte euch „
2. am abungked-ling-taikenam, du hattest uns beide „
3. ini abung-ki-taikenae, er hatte ihn „
oder:

D. 1. aling abung-led-pe-taikenaling, wir beide hatten euch
[gewaschen.
alang abung-led-ko-taikenalang, wir beide hatten sie ge-
[waschen.
2. aben abungled-le-taikenaben, ihr beide hattet uns „
3. aking abungled-ing-taikenaking, sie beide hatten mich
[gewaschen.

104. Der Modus conditionalis in Verbindung mit einem Object, wird gebildet wie das betreffende Tempus, von dem es abgeleitet wird, mit Einfügung von „re" oder „redo" vor der verkürzten Personalendung z. B.:

Ind. Praes. def. aing abung-me-tanredoing, wenn ich dich
u. s. w. [wasche oder wüsche.
Praes. ind. S. 1. aing abungjad-me-redoing, wenn ich
[dich wasche.
D. 1. aling abungjad-pe-redoling, wenn wir
[beide euch waschen.
Pl. 1. abu abungjad-ko-redobu, wenn wir
u. s. w. [sie waschen.
Imperf. S. 2. am abung-ling-tan taikenredom, wenn
[du uns beide wuschest.
D. 2. aben abung-ing-tan taikenredoben,
[wenn ihr beide mich wuschet.
Pl. 2. ape abung-le-tan taikenredope, wenn
u. s. w. [ihr uns wuschet.
Futur. S. 3. ini abung-ing-redo(e), wenn er mich
[waschen würde.
D. 3. aking abung-bu-redoking, wenn sie beide
[uns waschen würden.
Pl. 3. ako abung-le-redoko, wenn sie uns
u. s. w. [waschen würden.
Perf. def. S. 1. aing abungakad-me-redoing, wenn ich
[dich gewaschen hätte.
2. am abungakad-le-redom, wenn du uns
[gewaschen hättest.
3. ini abungakad-ko-redoe, wenn er sie
u. s. w. [gewaschen hätte.

		D. 1. aling abungled-ko-redoling.
		2. aben abungled-king-redoben.
		3. aking abungled-le-redoking.
Perf. ind.	Pl. 1.	ale abung-ked-pe-redole, wenn wir [euch gewaschen hätten.
	2.	ape abungked-ing-redope, wenn ihr [mich gewaschen hättet.
	3.	ako abung-ki-redoko, wenn sie ihn
		u. s. w. [gewaschen hätten.
Plusqu. def.	S. 1.	aing abungakadme-taikenredoing.
u. ind.		u. s. w.
	2.	am abungked-ko-taikenredom.
		u. s. w.

105. Imperativ.

S. abung-ingme, wasche mich.
   abung-lingme, „ uns beide.
   abung-le-me, „ uns (viele).
   abung-ko-me, „ sie (viele).
   abung-i-me, „ ihn.
   abung-king-me, „ sie beide.
D. abung-ing-ben, waschet mich.
   abung-le-ben, „ uns.
   abung-ko-ben, „ sie.
   u. s. w.
Pl. abung-ling-pe, „ uns beide.
   abung-i-pe, „ ihn.
   abung-king-pe, „ sie beide.
   u. s. w.

106. Participia.

Part. Praes.
def.

abungtan, waschend.
abung-i-tan (ihn) waschend.
abung-e-tan (es) „
abung-ing-tan, mich „
abung-ko-tan, sie „
abung-le-tan, uns „
abung-me-tan, dich „
   u. s. w.

       abungtani, der waschende.
       abung-bu-tani, der uns waschende.
       abung-ling-tani, der uns beide waschende.
       abung-pe-tani, der euch waschende.
       abung-lang-tani, der uns beide waschende.
       u. s. w.

Part. Praes. ind. abungjad,   waschend.
       abungjadme, dich waschend.
       abungjadko, sie   „
       abungjadlang uns beide „
       u. s. w.
       abungjad-ing-ni, der mich „
       abungjad-bu-ni, der uns „
       abungjad-ko-ni, der sie „
       abungjad-pe-ni, der euch „
       u. s. w.

Partic. Futuri. abungni, der   waschen werdende
       abung-ing-ni, der mich „ „
       abung-me-ni, „ dich „ „
       abung-i-ni, „ ihn „ „
       abung-ben-ni oder beni, der euch beide wa-
              [schen werdende.
       abung-bu-ni, der uns waschen „
       u. s. w.

Part. Perf. def. abungakani, der gewaschen habende.
       abungakan-bu-ni, der uns „ „
       abungakan-ko-ni, „ sie „ „
       abungakai-ni,   „ ihn „ „
       abungakan-le-ni, „ uns „ „
       u. s. w.
       abungakan-le-te, uns gewaschen habend.
       abungakan-ko-te, sie „ „
       abungakan-bu-te, uns „ „
       abungakan-ling-te, „   „ „
       abungakan-ing-te, mich „ „
       u. s. w.

Part. Perf. ind. abungked-ko-te, sie   „ „
       abungked-bu-te, uns   „ „

	abungked-king-chi, sie beide gewaschen [habend.
	abungked-pe-chi, euch gewaschen „
	abungked-ling-chi, uns „ „
	u. s. w.
Part. Plusqu. defin.	abungakad-bu-taiken und taikeni. abungakai taikeni. abungakadling taikeni.
	u. s. w.
Part. Plusqu. indefin.	abungked-le-taiken und taikeni. abungked-ko taikeni. abungked-me-taikeni.
	u. s. w.

107. Passivum.

Die Bildung des Passiv's ist eine sehr einfache. Wo nicht die Tempora mit denen des Verbi intransitivi gleichlautend sind (Perf. def. u. indef. und Plusquamperfectum), werden dieselben durch Einschiebung eines „o" zwischen Verbalstamm und Tempuscharakter resp. Endung gebildet.

108. Das nachstehende Paradigma, welches nur teilweise durchconjugiert zu werden braucht, da die betreffenden Tempora des Verbi transitivi und intransitivi genügenden Aufschluſs geben, zeigt das Nähere:

Praes. Ind. S. 1. (defin.)
    aing abung-o-tanaing, ich werde ge-
    am abungotanam. [waschen u. s. w.
    ini abung-o-tanae.
    ena abungotana.
D.   aling abung-o-tanaling.
    alang abung-o-tanalang.
    aben abung-o-tanaben.
    aking abung-o-tanaking.
    u. s. w.

Praes. indefinitum fehlt.
Conj. Praes.
    aing abung-o-kaing, ich möge gewaschen
    am abungokam. [werden.
    ini abungokae.
    u. s. w.

Imperf.	aing	abung-o-tan taikenaing, ich wurde ge-
	aling	abungotan taikenaling. [waschen.
	abu	abungotan taikenabu.
		u. s. w.
Futurum.	aing	abung-o-aing, ich werde gew. werden.
	am	abungoam, du wirst „ „
	ini	abungoae, er wird gewaschen „
	ena	abungoa, es „ „ „
		u. s. w.
Perf. def.	aing	abung-akan-aing, ich bin gewaschen
	am	abung-akan-am, du bist „ [worden.
	ini	abung-akan-ae, er ist „ „
	abu	abungakanabu, wir sind „ „
	ape	abungakanape, ihr seid „ „
	ako	abungakanako, sie sind „ „

Perf. indefinitum hat im Passivum von den betr. Formen des Verbi transitivi nur „jan".

	aing	abung-jan-aing, ich bin gew. worden,
	am	abungjanam, [wurde gewaschen.
	ini	abungjanae.
		u. s. w.
Plusqu. def.	aing	abungakan taikenaing, ich war ge-
		[waschen worden.
	am	abungakan taikenam.
	ini	abungakan taikenae.
		u. s. w.
Plusqu. ind.	aing	abungjan taikenaing.
	am	abungjan taikenam.
	aling	abungjan taikenaling.
		u. s. w.
Mod. cond.	aing	abungotanredoing, wenn ich gewaschen
Praes. d.	am	abungotanredom. [würde u. s. w.
	ini	abungotanredoe.
		u. s. w.
Imperf.	aing	abungotan taikenredoing u. s. w. wenn
		[ich gewaschen wäre.
Futur.	aing	abungoredoing, wenn ich gewaschen
		[werden würde.

Perf. def.	aing	abungakanredoing.
Perf. ind.	aing	abungjanredoing.
Plusqu. def.	aing	abungakan taikenredoing.
Plusqu. ind.	aing	abungjan taikenredoing.

Imperativ.

Praes. S. abungome, werde gewaschen.
D. abungoben, werdet ihr beide gewaschen.
Pl. abungope „ „ „

Futurum verlängert das „o"
S. abungōme, werde gewaschen werden.
D. abungōben, werdet „ „
Pl. abungōpe „ „ „

Perf. def. S. abungakanme.
D. abungakanben.
Pl. abungakanpe.

Imp. Perf. S. abungjanme.
indef. D. abungjanben.
Pl. abungjanpe.

Infinitiv.

Praesentis. abungōtea, gewaschen werden.
Futuri. abungōtea, werden gewaschen werden.
Perf. def. abungakantea, gewaschen worden sein.
Perf. ind. abungjantea, „ „ „

Participia.

Praesentis. abungotan, gewaschen werdend.
abungotani, ein gewaschen werdender.
Futuri. abungōni, einer der gewaschen werden wird.
Perf. def. abungakan, gewaschen worden.
abungakani, einer der gewaschen worden ist.
Perf. ind. abungjan, gewaschen worden.
abungjani, einer der gewaschen worden ist.
Plusqu. abungakan taikeni, einer der gewaschen
[worden war.
abungjan taikeni, einer der gewaschen
[worden war.

109. Das Medium.

Das Medium bezeichnet eine Thätigkeit, welche das Subjekt in Bezug auf sich selbst ausübt, es hat also reflexive Bedeutung.

110. Die Bildung des Mediums geschieht durch Anhängung von „n", „en" „on", unmittelbar an den Verbalstamm.

Paradigma.

Praes. def. Ind. 1. aing abung-en-tanaing, ich wasche [mich.
      2. am abungentanam, du wäschest dich
      3. ini abungentanae. [u. s. w.
    D. 1. aling abungentanaling.
      alang abungentanalang.
      2. aben abungentanaben.
      3. aking abungentanaking.
    Pl. 1. ale abungentanale.
      abu abungentanabu.
      2. ape abungentanape.
      3. ako abungentanako.

Praes. ind. Ind. aing abung-en-jadaing, ich wasche
     am abung-en-jadam. [mich u. s. w.
     ini abung-en-jadae.
      u. s. w.

Praes. Conj. aing abung-en-kaing, ich möge mich
            [waschen u. s. w.
     am abungenkam.
     ini abungenkae.
      u. s. w.

Imperf. aing abung-en-tan taikenaing, ich war
          [mich waschend (wusch mich).
     am abung-entam taikenam.
     ini abungentan taikenae.
      u. s. w.

Futurum. aing abung-en-aing, ich werde mich
     am abung-en-am. [waschen.
     ini abungenae.
      u. s. w.

Perf.	aing	abung-en-janaing, ich habe mich ge-
	am	abungenjanam. [waschen.
	ini	abungenjanae u. s. w.
Plusqu.	aing	abungenjan taikenaing, ich hatte mich
	am	abungenjan taikenam. [gewaschen.
	ini	abungenjan taikenae u. s. w.
Imperativ.		abung-en-me, wasche dich.
		abung-en-ben, waschet euch (beide).
		abung-en-pe, waschet euch (viele).
Partic. Praes.		abung-en-tan, sich waschend.
		abung-en-tani, der sich waschende.
Partic. Perf.		abung-en-jan, sich gewaschen habend.
		abung-enjani, der sich gewaschen habende.
		abungenjante ⎫ sich gewaschen habend.
		abungenjanchi ⎭
Infin. Praes.		abungentea, sich waschen.

111. Das Medium hat nur ein Perfectum, welches mit dem Perf. indef. Passivi und intransitivi (jan) gleichlautend ist. Die übrigen Formen des Perf. indef. im Verbum intrans. werden im Medium nicht gebraucht.

112. Durch Einschiebung von „en" werden noch folgende reflexive Verba gebildet: goj-en-tanae, er tödtet sich; nel-en-tanae, er sieht sich; rakab-en-tanae, er bringt sich in die Höhe; u. dergl. mehr.

Durch Einschiebung von „n" tingu-n-me stehe; pundi-n-tanae, er macht sich rein; itu-n-me, er lehrt sich selbst, er lernt; hundi-n-pe, versammelt euch; banchau-n-me, rette dich; goso-n-me, salbe dich u. s. w.

Wenige schieben „on" ein, wie om-on-me gieb dir.

Das Verbum in Verbindung mit der Negation.

Die Negation „ka" steht vor dem Verbum, aber nach dem Pronomen personale, wenn dasselbe dem Verbum vorangesetzt wird.

Über Weglassung des Pron. pers. siehe § 50.

113. Die Personalendungen: ing (ich), m (du), e (er), ling und lang (wir beide), ben (ihr beide), king (sie beide), le und bu (wir), pe (ihr) und ko (sie) fallen am Ende fort und werden dafür an die Negation „ka" angehängt.

114. Die **Negation des Imperativs**, die verbietende Form, ist „alo" mit welcher wie oben bemerkt, verfahren wird.
115. Dieselbe wird naturgemäfs auch beim Conjunctiv gebraucht und dann die Personalendungen daran gehängt.
116. Das **Paradigma** zeigt das Weitere.

A. **Verbum intransitivum**
senotea und sentea gehen.

Praes. Ind.   S. 1. aing   kaing sentana*) ich gehe nicht.
                 2. am   kam sentana.
                 3. ini   kaë sentana.
           D. 1. aling   kaling sentana.
                 alang   kalang sentana.
                 2. aben   kaben sentana.
                 3. aking   kaking sentana.
           Pl. 1. ale   kale sentana.
                 abu   kabu sentana.
                 ape   kape sentana.
                 ako   kako sentana.

Praes. Conj.   aing   alokaing   sen oder seno.
                   am   alokam   „   „   „
                   ini   alokaë   „   „   „
                   aling   alokaling   „   „   „
                   u. s. w.

Imperf.   aing   kaing sentan taikena, ich ging nicht.
             am   kam sentan taikena.
                   oder auch
             aing   sentan kaing taikena.
             am   sentan kam taikena.
             ini   sentan kaë taikena.
                u. s. w.

Futur.   aing   kaing sena, ich werde nicht gehen.
          am   kam sena.
          ini   kaë sena.
               u. s. w.

Perf. def.   aing   kaing senakana, ich bin nicht ge-
           am   kam senakana.   [gangen.
           ini   kaë senakana u. s. w.

*) u. senotana.

Perf. ind.	aing	kaing senkena, ich bin nicht gegangen.
	am	kam senkena.
	ini	kaë senkena u. s. w.
Plusqu.	aing	kaing senken taikena
		oder
	aing	senken kaing taikena.
	am	senken kam taikena.
	ini	senken kaë taikena u. s. w.

Imperativus.
S. alom seno*) oder sen, gehe nicht.
D. aloben seno, gehet nicht (oder senoa).
Pl. alope seno, gehet nicht (oder senoa).

Auch werden noch folgende Formen gebildet für die dritten Personen, obgleich dafür mehr die entsprechenden Formen des Conjunctivs gebraucht werden:

alo senkae, er soll nicht gehen.
aloking seno, sie beide sollen nicht gehen.
aloko seno, sie sollen nicht gehen.

Part. Praes.	ka sentan, nicht gehend.
	ka sentani, der nicht gehende.
Part. Perf. def.	ka senakan.
	ka senakani.
Part. Perf. ind.	ka senken.
	ka senkeni.

B. Verbum transitivum.

Einige wenige Tempora werden genügen, um die Conjugation zu zeigen.

Praes. indef.	aing	kaing abungjadmea, ich wasche dich nicht.
	am	kam abungjadkoa.
	ini	kaë abungjadlea u. s. w.
Praes. Conj.	aing	alokaing abungme, ich möge dich nicht [waschen.
	aling	alokaling abungi, wir beide mögen ihn [nicht waschen.
	abu	alokabu abunge, wir mögen es nicht [waschen.

---

*) oder alom senoa.

	ako	alokako abungko, sie mögen sie nicht u. s. w. [waschen.
Imperf.	aing	kaing abungkotan taikena, ich wusch [sie nicht.
	abu	kabu abung-i-tan taikena
		oder auch
	abu	abungitan kabu taikena, wir wuschen [ihn nicht.
Perf. indef.	aing	kaing abungkedmea, ich habe dich [nicht gewaschen.

am kam abungkedinga.
ini kaë abungkedlea.
oder
ini kaë abungledinga.
aking kaking abungledmea.
ape kape abungledlea.

Imperativ.

S. alom abungkoa, wasche sie nicht.
alom dalinga, schlage mich nicht.
alom jomea, ifs es nicht.
D. aloben abungia, waschet ihn nicht.
aloben dalkoa, schlaget sie nicht.
aloben orongbena, thut sie nicht (beide) hinaus.
Pl. alope abunglea, waschet uns nicht.
alope dalia, schlagt ihn nicht.
alope oronglea, thut uns nicht hinaus.

1. Anmerkung: Für alom abungkoa kann auch gesetzt werden aloma abungko; für alope dalia, alopea dali; für alope abunglea, alopea abungle u. s. w.

2. aloma, alobena, alopea wird auch allein gebraucht, wie unser Deutsches „nicht doch".

117. Das reciproke Verbum.

Das reciproke Verbum, welches die Gegenseitigkeit einer Handlung ausdrückt, wird in der Kolhsprache dadurch gebildet, dafs in den Stamm des Verbums ein „p" mit dem nachfolgenden Vokal der Stammsilbe eingefügt wird, z. B.: kul fragen, kupul sich gegenseitig fragen; sab fassen, sapab sich untereinander fassen; om geben, opom sich gegenseitig geben; erang zanken, eperang sich untereinander zanken u. s. w.

118. Die Conjugation ist die des transitiven Verbums. Einige wenige Formen werden das zeigen:

Praes. Ind. D. 1. aling opomtanaling, wir geben uns gegen[seitig.
          Pl. 2. ape opomtanape, ihr gebt euch gegen[seitig.
Perf. ind. D. 2. aben eperangkedaben, ihr habt euch ge[zankt.
          Pl. 3. ako eperangkedako, sie haben sich ge[zankt.
Imper.   opomben, gebt euch gegenseitig.
          (mudam opomben, wechselt die Ringe.)
          kupulpe, fragt euch gegenseitig.

119. Das Verbum daritea können, wird wie ein Verbum transitivum conjugiert, und weicht nur im Perfectum definitum von demselben ab.

120. Es wird in Verbindung mit anderen Verbis gebraucht, an deren Verbalstamm es angehängt wird; wo es allein gebraucht wird, hat man doch ein Verbum zu ergänzen.

Praes. Ind. S. aing daritana, ich kann u. s. w.
            am   daritanam.
            ini   daritanae.
Imperf.   aing daritan taikenaing, ich konnte u. s. w.
Futur.   aing dariaing, ich werde können.
            am   dariam.
            ini   dariae.
Perf. def.   aing dariadaing, ich habe gekonnt. u s. w.
            am   dariadam.
            ini   dariadae.
            aling dariadaling.
            alang dariadalang.
            aben   dariadaben.
            aking dariadaking.
            ale   dariadale.
            abu   dariadabu.
            ape   dariadape.
            ako   dariadako.

Perf. ind.	aing	darikenaing, ich habe gekonnt u. s. w.
	aing	darikedaing.
Plusqu.	aing	dariad u.} taikenaing.
	aing	dariken }
Cond. Futuri.	aing	dariredoing, wenn ich können würde [u. werde u. s. w.
	am	dariredom.
	ini	dariredoë.
Imperf.		darime u. s. w. (ungebräuchlich).
Partic.		daritan, könnend.
		daritani, der könnende.
Partic. Futur.		darini, der können werdende.˙
Partic. Perf.		dariken, gekonnt habend.
		darikeni, der gekonnt habende.
		dariadni u. s. w.

121. daritea in Verbindung mit einem andern Verbum:

aing	sendariaing, ich .werde gehen können.
ini	oldaritan taikenae, er konnte schreiben.
abu	kabu sendariada, wir haben nicht gehen [können

oder auch:

abu	sen kabu dariada u. s. w.

122. Aufser obigem giebt es noch eine Anzahl Verba, welche in Verbindung mit anderen gebraucht werden; sie treten in dieselbe Verbindung mit ihnen wie daritea, z. B.: ichitea und rikatea in der Bedeutung „lassen" und „machen".

Praes.	senichitanaing, ich lasse ihn gehen.
Imperf.	senichitan taikenaing, ich liefs ihn gehen.
Perf.	senichikiae, er hat ihn gehen lassen.
Imperf. 1.	senichime, lafs ihn gehen.
2.	senichipe, lasset ihn gehen.
Part.	senichitan, ihn gehen lassend.

u. s. w.

Praes.	aing kamirikatanaing, ich mache (lasse) arbeiten.
	aing kamirikaitanaing, ich lasse ihn arbeiten.
	am kamirikaitanam.
	ini kamirikaitanae.

u. s. w.

Perf. aing kamirikakedkoaing, ich habe sie arbeiten lassen.
ale kamirikakedpeale.
ako kamirikakedingako.
ape kamirikakiape, ihr habt ihn arbeiten lassen.

123. **chabatea** beenden, „alle machen".

Act.

Praes. aing jomchabatanaing, ich esse (es) auf.
am jomchabatanam.
u. s. w.
Perf. ini jomchabakedae, er hat (es) aufgegessen.
abu jomchabakedabu.
u. s. w.
Imperf. kamichabaëme, arbeite das auf.
olchabaëpe, schreibt das fertig.

124. Das **Passivum** wird ebenso gebraucht, meistens jedoch allein:

Perf. chabayana, es ist zu Ende.
. kamichabayana, es ist fertig gearbeitet.
Futurum. olchabaoa, es wird zu Ende geschrieben werden.
u. s. w.

125. **hokatea, aufhören**, wird selten in Verbindung mit einem Verbum gebraucht; es ist ein solches aber hinzuzudenken.

Praes. Ind. aing hokatanaing, ich höre auf.
Imperf. aing hokatan taikenaing.
Futur. aing hokaaing.
Perf. def. aing hokakadaing.
Perf. ind. aing hokakedaing.
Plusqu. aing hokakad ⎫ taikenaing.
         hokaked ⎭
Cond. ⎫
Fut. ⎬ aing hokaredoing.
Imper. hokame.
hokaben.
hokape.

Part. Pr.	hokatan und — tani.
Perf.	hokakad und — kadni.
	hokaked und — kedni.

126. ete:tea, anfangen.

Praes. Ind.	aing jomete:tanaing, ich fange an zu essen.
Perf. ind.	aing olete:kenaing, ich habe angefangen zu [schreiben.
Futur. Pl. 2.	ape dulete:ape, ihr werdet anfangen zu giefsen.
Imper.	senete:me, fange an zu gehen.
	kamietepe fanget an zu arbeiten.
Partic. Pr.	olete:tan und — tani.
„ Perf.	jomete:ken und — keni.
„ Fut.	kamiete:ni.

127. ruartea, wieder zurück, nur in Verbindung mit einem andern Verbum gebraucht.

Praes. Ind.	aing hijuruartanaing, ich komme zurück.
„ Conj.	aing hijuruarkaing.
Imperf.	aing hijuruartan taikenaing.
Perf. def.	aing omruarakadaing, ich habe zurückgegeben.
„ ind.	aing omruarlenaing.
Futur.	aing senruaraing, ich werde zurückgehen.
Imper.	senruarme, gehe zurück.

u. s. w.

128. Die Verba-kajitea und menetea, sagen.
        (dicere)   (inquit)

a) Das Verbum kajitea (Stamm kaji) wird regelmäfsig conjugiert, wie das Paradigma des transitiven Verbums es zeigt.

Vom Perf. def. werden verschiedene Formen gebraucht:
        aing kajiakadaing
          oder
        aing kajiadiaing.

Vom Perf. indef. aing kajikedaing
          oder
        aing kajitadaing
          oder

aing kajilaing
oder
aing kajilcdaing und
kajiliaing.
aing kajikiaing.
Part. Perf: kajikedte.
kajikedchi.
kajiledte.
kajikite.
~~aber nie: kajitadte.~~

b) Der Verbum men(e)tea (Stamm men) entspricht dem lateinischen „inquit", und wird ganz wie dasselbe gebraucht, d. h. der direkten Rede nachgesetzt. Die Conjugation ist, mit geringer Ausnahme, die des Verbi transitivi.

Praes. Ind. def. aing mentanaing, ich sage
                oder
              aing menetanaing „ „
Praes. ind.   aing menjadaing „ „
             am menjadam „ „
             ini menjadae.

Praes. def. in Verbindung mit dem Object ist unregelmäfsig:
    aing metaitanaing, ich sage ihm.
    am metaingtanam, du sagst mir.
    ini metakotanae, er sagt ihnen.
    ale metapetanale, wir sagen euch.
    ako metakotanako, sic sagen ihnen.
    u. s. w.

Fut.   aing meneaing, ich werde sagen.
    (nie men-aing, was zur Verwechselung mit „ich bin" Veranlassung geben würde).

Perf. ind.   Gebräuchliche Formen:
    aing menkedaing.
    (nie menkiaing, sondern
    aing metadiaing, ich sagte ihm.)
    am metadkoam, du sagtest ihnen.
    abu metadkingabu, wir sagten ihnen beiden.
    u. s. w.

In der 3. Person Singular sehr gebräuchlich:
ini menlae, er sagte.

Imperativ. meneme, sage.
meneben, saget (ihr beide).
menepe, saget.

---

metaime, sage ihm.
metaiben, saget ihr ihm.
metaipe, „   „   „
metaingme, sag' mir.
metakope, saget ihnen.
u. s. w.

Part. Praes. mentan, menetan, mentani.
„ Perf. menkedte, menkedchi.
metakedkochi.
menked-bu-chi.
menkedkingte.
menkedkote.

Als abgekürzte Part. werden gebraucht men und mente.

129. Um die Thätigkeit eines Verbums zu betonen oder zu verschärfen, wird „tukatea" gebraucht, z. B. omtukaingme, gieb mir; omtukadingae, er hat mir gegeben; bagetukadingae, er hat mich verlassen;

130. Mit Nominibus zusammengesetzte Verba, wie sie im Deutschen, Hindi etc. so vielfach vorkommen (bichar karna, Gericht halten; khana bakhana, Essen kochen; snan karna, ein Bad nehmen u. s. w.) hat die Kolhsprache nicht. Diese hilft sich auf die viel einfachere Weise durch Verbalisierung der Nomina, z. B. mandi, das Essen, manditanae, er kocht Essen; gonong, der Preis, gonongtanae, er stellt den Preis. Auch aus der Hindi- und Englischen Sprache genommene Worte verbalisiert der Kolh, z. B. jail, das Gefängnifs, jail-janae, er sitzt im Gefängnifs; nalis, der Prozefs, nalistanae, er führt einen Prozefs; appeal die Appellation, appealkedae, er hat appelliert u. s. w.

131. Das anomale Verbum „banotea", nicht sein. Dasselbe kommt nur in zwei temporibus vor, nämlich im Praesens und im Perfectum.

Praes. S. 1. aing bangainga, ich bin nicht da*).
      2. am   bangmea, du bist   „   „ u. s. w.
      3. ini bangaiya.
         ena banoa.
   D. 1. aling banglinga.
      alang   banglanga.
      2. aben bangbena.
      3. aking bangkinga.
   Pl. 1. ale banglea.
         abu bangbua.
      2. ape bangpea.
      3. ako bangkoa.
Perf.   aing ban-ojanaing.
         am   ban-ojanam.
              u. s. w.

VI. Indeklinabele Worte.

Adverbia.

132. Adverbia correlativa.

Interrogativa	Indefinita	Demonstrativa	Relativa	Correlativa
okore? wo?	jetare, irgendwo.	netare, hier.	okore u. okotare, wo.	entare, da.
okote? wohin?	jetate, irgend wohin.	nete u. netate, hierher.	okotate u. oko te, wohin.	entate, u. ente, dahin.
okoate? woher?	jetaëte, irgendwoher.	netaëte, von hier.	okotaëte, woher.	entaëte, von da.
chimta? wann?	—	niula, dann.	—	—
chimta? wann um welche Zeit?	—	imta, um die Zeit.	chimta, wann.	nimta, dann.
chileka? wie	jeleka, irgend wie.	neleka, so.	chileka, wie.	enleka, so.
chiminang? wie viel?	—	iminang, so viel.	chiminang, wie viel.	niminang, so viel.

*) Das „g" wird nur der Euphonie wegen zwischen Verbalstamm und Personalendung eingeschoben.

133. Andere Adverbia und adverbial gebrauchte Worte sind folgende:

a. Der Zeit.

tising, heute.
gapa, morgen.
tising-gapa, heute od. morgen.
hola, gestern.
holatere und \} vorgestern.
honder hulang,/
meang, übermorgen.
gapatere \} nach drei Tagen.
indan, /
tiri, nach vier Tagen.
kalom, nächstes Jahr.
maha, letztes Jahr.
satom, vor drei Jahren.
setare, morgens.
idang, „
tikin, mittags.
aiubre, abends.
basangda: singi, um drei Uhr (Kochwasser sc. Holens Zeit.)

singi satub \} den ganzen Tag.
singi bura, /
na: jetzt.
imta, sofort.
taiumte, nachher.
aiyarte, vorher.
Einigen wird „ge" angehängt, um sie zu betonen, wie:
na: ge, jetzt gleich.
imtage, gleich sofort.
gapage, morgen (bestimmt).

janau, immer fort.
barabar, häufig, (corrumpirt aus dem Hindi „barambar".)

dinaki dinaki, täglich.
angodinaki, „

b. Des Ortes.

netare, hier.
entare, dort.
sobentare, überall.
talare, in der Mitte.
latarre, unter.
bitarre, darinnen.

narege, nahe.
sanging, fern.
ayarre, vorn.
taiumte, hinten.
parom, jenseits.
chetanre, auf.

c. Der Art und Weise.

rokage, plötzlich.
isu \} sehr.
pura, /
isu-pura, sehr viel.
lagatinga, nöthig.
misate, zugleich, zusammen.
idu, vielleicht.
eskar u. eskarge, nur, allein.

thik (Hindi) recht.
iminreo, trotzdem.
jiminreo, obgleich.
sartige, wahrlich, gewifs.
samage, umsonst, frei.
enkate und nekate, so.
enleka und neleka, so.

134. Das negative Adverbium ist „ka", welches unserem gewöhnlichen „nein" entspricht, und in Verbindung mit allen temporibus, den Imperativ ausgenommen, gebraucht werden kann. Mit dem Imperativ wird nur „alom" gebraucht, siehe 113 bis 116. chia neam rikakeda? ka oder kaing rikakeda. Hast du das gethan? nein, oder: ich habe es nicht gethan. Wenn von leblosen Dingen die Rede ist, so wird banoa, adverbialisch für „nein" gebraucht: chia, chauki mena chi banoa? ist der Stuhl da oder nicht? banoa Gomke, nein, Herr.

Die gewöhnliche, bejahende Partikel ist „ea", „he" oder „han", „ja"; das „he" wird oftmals verstärkt dnrch „ge", z. B. hege; chia neam omruarainga? wirst du mir das wiedergeben? hege, ja.

135. Sehr gebräuchlich sind einige Adverbia, welche durch Wiederholung oder durch Zusammensetzung gebildet sind, z. B. chiula chiula, dann und wann; okore okore, wo immer; chimen jaked, wie lange; chiula ka, niemals; oro oro, immer wieder; ua: jaked bis jetzt.

136. Einige Adverbia nehmen auch Casuszeichen an, wie: neta ra ote bugin mena, das Land hier ist gut; hansaëte hijutanaing, ich komme von dort; mahara bawa bugin taikena, der vorjährige Reis war gut.

137. Praepositionen giebt es, mit einer Ausnahme („begar", begardosh, ohne Schuld") nicht; die sogenannten Präpositionen sind Postpositionen, welche dem, von ihnen abhängigen Nomen nachgesetzt werden, ohne einen Einflufs auf dessen Flexion auszuüben:

chetanre, auf; aing buru chetanre mandliorakeng baiya, ich werde auf dem Berge eine Kapelle bauen.

chetante, auf, auf die Frage: wohin; chia, am ora chetante rakabeam? wie, du willst hinaufsteigen auf das Haus?

latarre, innen, darinnen; daru latarre cherea tuka mena, in dem Baume ist ein Vogelnest.

subare, unter; atea, daru subare tambu tinguepe, hört, unter dem Baume stellt das Zelt auf.

bitar (bitarre und bitarte) in, auf die Frage „wo" und „wohin"; ora bitarre küriko menakoa, die Frauen sind in dem Hause.

en lata bitarte alope senoa, idu, balu menaya, gehet nicht in die Höhle hinein, wer weifs, es ist vielleicht ein Bär darin.

„racha" „draufsen", wird ebenfalls mit „re" und „te" verbunden; hatu rachareko dubtana, sie sitzen draufsen, vor dem Dorfe; ora rachate alope senoa, gehet nicht aus dem Hause.

narige, „nahe bei"; abua ora narige kula miad horoke sabkiae, nahe bei unserem Hause hat der Tiger einen Menschen gepackt.

lo, mit; okote senoape, chia, ape ale lo kape taina? wohin wollt ihr denn gehen, wollt ihr denn nicht bei uns bleiben?

„tāre und tate", „sāre und sate", auf die Frage „wo und wohin", „zu, bei, nach"; ini ale tare tainae, er wird bei uns bleiben; aing Singbhum sate senotanaing, ich gehe nach Singbhum zu; en horoko sate alom senoa, enko dukumeako, gehe nicht zu den Leuten, sie werden dir Böses zufügen;

„sanamangre, in Gegenwart, vor"; aing sanamangre ini jetana kaë kajikeda, vor mir hat er nichts gesprochen;

138. Mit dem Genitiv werden construirt:

„ayar und ayarte" „vor, vorn"; Kudasud hatu okore mena? abua ayarre mena, wo liegt das Dorf Kudasud? es liegt vor uns; Gomkea ayarte alom senoa, gehe nicht dem Herrn voraus;

„tayum re" und „tayumte" „hinten"; ini tayumre menaya, er ist hinten; enko abua tayumre menakoa, sie sind hinter uns; enko abua tayumteko senotana, sie gehen hinter uns her.

Anmerk.: Es ist aus den Beispielen ersichtlich, dafs die Postposition mit „re" gebraucht wird, wo auf die Frage „wo", ein Bleiben, eine Ruhe an einem Orte, ausgedrückt werden soll; mit „te" dagegen, wo von einer Bewegung die Rede ist.

„nagente, lagite, nagen", „wegen"; chia aing apea nagente dukuing sahatinga? wie, ich soll euertwegen Schmerzen leiden?

„horate", durch, mit Hilfe;" abu Prabhu a horatebu banchaujana, wir sind durch den Herrn erlöst worden.

139. Mit dem Nominativ und Genitiv wird construirt: „leka", „gleich"; Parmeshwar leka jetai horo bangaya, Gott gleicht kein „Mensch", (wörtlich: Gott gleich ist nicht irgend ein Mensch); chia, am ainga leka parhaudariam? wie, kannst du denn lesen wie ich?

140. Manche von den Postpositionen werden auch, wie aus § 133 ersichtlich, adverbialisch gebraucht. Ein Teil von ihnen ist durch Zusammensetzung von „re" und „he" mit einem Adjectivum gebildet, z. B. chetan-re, latarre-, rachare; eine sogar von einem Nomen, hora-te, von hora, der Weg.

141. Conjunctionen.
oṛo, ondo, aṛo, und, wieder.
chi, daſs; chīlka, wie.
chiachi, obgleich, weil; enamente, deshalb.
chi, oder; chiamente, chikanmente, weshalb.
mendo, batkam, aber (im Nachsatz).
ente, da, dann; chimta-imta, wann, dann.
ge, o und oge, angehängt an das bezügliche Wort, „auch" inio und inioge, er auch.
jiminreo — iminreo, wenngleich — dann, dennoch.
idu, vielleicht; chimtang, wenn.

142. Interjectionen.
atea } Gewöhnliches Zeichen des Vokativs, gebraucht
he (Hindi) } bei Anreden und Zurufen.
chigo, zutraulicher Anruf.
hayhay, Ausruf des Schmerzes.
chīchī, Ausruf des Ekels und der Verachtung.
măr, jūjū, voran, schnell; dola, geh', komm.
„ohgore" } Ausruf des Staunens.
„hayre" }

VIII. Zahlwörter.
A. Cardinalzahlen.

143. Die Kolhsprache hat nur besondere Namen für die Zahlen von 1—10 und für 20; alle übrigen werden durch Addition oder Multiplication, diese durch einfache Anreihung ohne Copula, gebildet; das Wort „sau" für 100, welches dem Hindi entlehnt ist, wird indessen jetzt allgemein gebraucht.

Zeichen für die Zahlen hatten die Kolhs nicht, sie rechneten (und rechnen teilweise auch jetzt noch) mit Steinchen. Wie wir für die Laute die devanagari-Zeichen gebrauchen, so haben wir auch für die Zahlen die devanagari-Ziffern angenommen.

mīad } mod } moyad } mīd }	1	mid hisi moṛea	25
		mid hisi turia	26
		mid hisi eya	27
		mid hisi irlia	28
băria	2	mid hisi area	29
ăpiă	3	mid hisi gelea	30
ŭpŭn	4	mid hisi gelmiad	31
monea } moṛea }	5	u. s. w.	
		bar hisi	40
tŭriă	6	bar hisi miad	41
ea } eya }	7	u. s. w.	
		bar hisi gelea	50
īrlīă	8	bar hisi gelmiad	51
ărīă } ăreă }	9	u. s. w.	
		api hisi	60
geleă	10	api hisi miad	61
gelmīad	11	u. s. w.	
gelbăriă	12	api hisi gelea	70
gelăpiă	13	api hisi gelmiad	71
gelŭpŭn	14	u. s. w.	
gelmoṛea	15	upun hisi	80
geltüriă	16	upun hisi miad	81
geleya	17	u. s. w.	
gelīrlīă	18	upun hisi gelea	90
gelăriă	19	upun hisi gelmiad	91
hīsī oder } midhisi } mīhisi }	20	u. s. w.	
		moṛea hisi	100
		moṛea hisi miad	101
mid hisi miad	21	u. s. w.	
mid hisi baria	22	moṛea hisi gelea	110
mid hisi apia	23	moṛea hisi gelmiad	111
mid hisi upun	24	u. s. w.	

144. Obiges zeigt, dafs bei gelea (10) in der Zusammensetzung vor hisi das „ea" ausgestofsen wird, ebenso von baria das „ia" und von ăpiă das „a" am Ende.

145. Obige Ausstofsungen kommen auch vor anderen Worten vor, wie vor hoṛo, der Mensch; tăkă, die Rupie; gaudi, 1 Stunde Weges; săla und män, ein Mafs; z. B. băr hoṛoking, zwei Menschen. apitaka, 3 Rupies; bar sala, zwei Sala.

146. Das Zahlensystem ist aus den Zahlen leicht ersichtbar; es gründet sich auf 10 und 20. 30 ist gleich $20 + 10$; $40 = 2 \times 20$; $50 = 2 \times 20 + 10$; $60 = 3 \times 20$; $70 = 3 \times 20 + 10$; $80 = 4 \times 20$; $90 = 4 \times 20 + 10$; $100 = 5 \times 20$. Dafs für „100" auch das Hindiwort sau genommen wird, ist oben schon gesagt.

147. Für hisi (20) wird auch sehr viel das Wort „kuri" (Stiege) gebraucht. 200 wird ausgedrückt durch gelhisi oder gelkuri 10×20; $300 = 15 \times 20$ = gelmoṛea kuri oder hisi. Für „1000" würde gesagt werden können 50×20 = barhisi gelkuri, indessen wird auch dafür heutzutage das Hindiwort „hazar" gebraucht. Der Kolh drückt 1881 aus: „mid hazar irlia sau upun hisi miad."

148. Eine zweifelhafte Zahl wird durch 2 Zahlwörter, ohne irgend welche Conjunktion ausgedrückt: api upun hoṛoko. 3 oder 4 Menschen; idu, irlia area sirma howajana oder senojana, wer weifs, 8 oder 9 Jahre sind vergangen.

B. Ordinalzahlen.

149. Mit Ausnahme von „der erste" (sida) und „der zweite" (eta) sind die Ordinalzahlen den Cardinalzahlen gleich:
der erste, sida.
der zweite, eta.
der dritte, apia.
der vierte, upun u. s. w.

150. sida und eta, wenn sie allein stehen, d. h, nicht adjektivisch gebraucht werden, können auch subsantiviert werden (sidani und etani). Der erste Mensch, sida hoṛo oder sidani; in der 2. Woche, eta haphtare; am 21. October, October chandura mid hisi mid tarik re.

C. Zahlverbia.

151. Auf die Frage: „wie viel mal?" antworten die Zahladverbia mit:
1 mal, misa..
2 mal, barsa.
3 mal, apisa..
4 mal, apunsa.
5 mal, moṛesa.
6 mal, turi oder turiasa.
7 mal, eya oder esa.
8 mal, irlia oder irlsa.
9 mal, aria oder aresa.
10 mal, gelea oder gelsa u. s. w.

Anstatt „sa" werden auch die Suffixe „dar und dua" gebraucht, jedoch selten.

152. Hierher gehören die **Adverbia**: isu oder pura sa, vielmals; niminsa, so vielmal; nimiangsa, so oft.

153. D. **Distributiva** werden gebildet durch Reduplication entweder der ganzen Zahl oder der ersten Silbe derselben, z. B.

mimiyad, je einer.
babar und -ia, je zwei.
apiapi, je drei.
upunupun, je vier.
momoṛea, je fünf.
turturia, je sechs.
e-eya, je sieben.
irirlia, je acht.
ararea, je neun.
gelgelea, je zehn.
u. s. w.

momoṛea boko, je fünf Haupt (Vieh); gelgel hoṛoko, je zehn Mann; oṛo enko dūbeānāko, mimiyad pantire momoṛehisi, mimiyad pantire babarhisi geleakeateko dubjana, und sie setzten sich, in je eine Reihe je hundert, in je eine Reihe je fünfzig; soben misate ālope kājia, mimid hoṛo kajikae, redet nicht alle auf einmal, je einer rede.

154. Von Ausdrücken für **Brüche** kennt die Kolhsprache nur „tala" (in manchen Gegenden auch „taṛa"), z. B. tala chandu, ein halber Monat; midchandu tala 1½ Monat; barchandu tala 2½ Monat.

155. Die übrigen Brüche werden durch Umschreibung mit „hating oder hanating" ausgedrückt, z. B. ⅕ wird ausgedrückt: „von fünf Teilen ein Teil, moŗea hänätingete miad hanating; ⅘ also: moŗea hanatingete upun hanating" u. s. w.

156. Die Hindi-Ausdrücke: paune, ¼ weniger; saua, 1¼ mehr; saŗhe, ½ mehr, sind übrigens sehr verbreitet und werden bei Geldangaben viel gebraucht; sonst sagen die Kolhs für ½ Jahr lieber turiachandu, 6 Monate; ½ Mon. midkandi, u. s. w.

157. Die (von der Englischen Regierung geprägte) Münze ist „die Rupie", welche 16 Anna hat, 1 Anna, 4 Paisa (oder 12 Pai.). Die Zeichen für Paisa, Anna und Rupies sind die im devanagari gebräuchlichen.

158. „Etwa", „ungefähr" wird bei Zahlwörtern durch Hinzufügung von „leka" ausgedrückt: gel ma leka taiumte, nach etwa zehn Tagen; Burju Ranchiete gel mid gaudi leka howäwä, Burju wird von Ranchi etwa 11 Stunden entfernt sein.

159. **Tage der Woche.**

Die Kolhs haben früher eigene Bezeichnungen für die Tage der Woche gehabt, indessen sind dieselben fast ganz in Vergessenheit geraten, und werden selbst von den Larca-Kolhs nicht mehr gebraucht. Auch diese bedienen sich der Hindi-Namen: Sonntag, etwar; Montag, somwar; Dienstag, mangar oder mangalwar; Mittwoch, budhwar; Donnerstag, brispat (brihaspat); Freitag, sukrwar; Sonnabend, sanichar.

160. Den Tag rechnen sie von Sonnenaufgang an und teilen ihn ein in singi (Tag) und nida (Nacht). — Sie teilen ihn ferner ein nach dem Stand der Sonne und nach ihren Beschäftigungen:

simkora: dipli, Hahnenschrei.
singi turtan ⎫ dipli, wenn die Sonne aufgeht.
„ oltan ⎭ „ „ „ „ schreibt.
aprana singi, (7 Uhr) Zeit den Ochsen das Joch aufzulegen.
landia tikin, Mittag der Faulen (8 Uhr).
singi satub, hochgestiegene Sonne (9 oder 10 Uhr).
muli tikin, gerade Sonne (12 Uhr Mittag).

hare singi, schiefe Sonne (2 p. m.)
tara singi, halbe Sonne (4 p. m.)
basangda: singi, Zeit Wasser zum Kochen zu holen (5 p. m.)
singidubui dipli oder hasur dipli, Sonnenuntergang.
uri ader dipli, Zeit Kühe einzutreiben (7 p. m.)
jomkidub dipli, Zeit zum Essen (8 Uhr abends.)
giti dipli, Zeit zum Schlafen (9 Uhr abends.)
tala nida, Mitternacht.
sim rākoa ayar, vor Hahnenschrei.
simko rātan imta, mit Hahnenschrei.

161. **Monate.** Monatsnamen scheinen die Kolhs nie gehabt zu haben; sie rechnen vom Neumond (naua chandu) ab, und geben den Monat darnach an, z. B. „wenn wir zum dritten Male wieder Neumond haben, oder Vollmond" („pura chandu"), oder: „viermal ist Vollmond gewesen, seit das geschehen ist".

162. Durch den Verkehr mit den Hindus und der Englischen Regierung sind die Monatsnamen der Hindus vielfach in Gebrauch gekommen. Wer mit dem Volke verkehren will, mufs dieselben wissen, deshalb folgen sie nachstehend. Das Sonnenjahr der Hindus beginnt mit dem Eintritt der Sonne in den Aries; es ist in 12 Teile oder Monate geteilt, von denen der erste, Vaisakh, am 11. bis 12. April beginnt.

Vaisakh, April — May.
Jet, May — Juni.
Asharh, Juni — Juli.
Sravan, Juli — August.
Bhado, August — September.
Kuar oder Asin, September — October.
Karttik, October — November.
Agahan, November — December.
Pus, December — Januar.
Magh, Januar — Februar.
Phagun, Februar — Maerz.
Chait, Maerz — April.

163. Die Kolhs teilen das Jahr in drei Jahreszeiten ein, nämlich in die heifse Zeit (lolo dipli), die Regenzeit (jargida: dipli), und die kalte Zeit (rabang dipli).

VIII. Einiges über die Wortbildung.

164. Nomina werden von dem Stamme einiger Verba gebildet, indem man die erste Silbe derselben entweder **redupliciert** oder dieselbe (ohne Reduplication) **verlängert**, und an dieselbe die verkürzte Form der 3. Person Singularis des Pronomen personale „ni" anhängt (für den Plural „ko" und den Dual „king"). Die **Reduplication** findet nur statt, wenn das Verbum mit einem Consonanten beginnt.

jomtea essen; Stamm: jom.
   jojom-ni, der Esser.
   jojom-ko, die Esser.
   jōm-ni, der Esser.
   jōm-ko, die Esser.
sentea gehen; Stamm: sen.
   sesen-ni, der Gehende.
   sesen-ko, die Gehenden.
   sēn-ni, der Gehende.
   sēn-ko, die Gehenden.
neltea sehen; Stamm: nel.
   nenelni, der Sehende, Seher.
   nenelko, die Seher.
   nēl-ni, der Seher.
   nēl-ko, die Seher.

Ebenso werden gebildet von: bai-tea, machen, babaini; von dubtea, sitzen, dudubni; nirtea laufen, ninirni; **aber**: oltea, schreiben, ōl-ni, der Schreiber, olko, die Schreiber. von aiumtea, hören, aīumni, der Hörer, aīumko, die Hörer.

165. Einige Nomina werden auch vom Stamm des **reciproken Verbi** gebildet, aber ohne Anhängung von „ni" im Singular; im Plural bleibt „ko", z. B. von kultea, fragen, kupult-ea sich gegenseitig fragen, **kupul** der Gastfreund (die im gegenseitigen freundlichen Verkehr stehen, sich fragen, wie es geht u. s. w.) **kupul** wird regelmäfsig dekliniert: kupul a, kupulke, kupulte, kupulko, kupulkoa u. s. w. Ferner: erang streiten, **eperang**, der Zwist; kaji reden, **kapaji**, die Unterhaltung.

166. **Nomina** werden mit Einfügung eines „p" nach der ersten Silbe und mit Nachschlag des Vokals derselben, von

Nominibus gebildet, um eine Zusammengehörigkeit und gegenseitige Beziehung auszudrücken; sie werden deshalb nur im Dual und Plural gebraucht:

hon, das Kind, hoponking, die beiden Kinder.
          hoponko, die vielen Kinder.
(die alle zusammen gehören.)

167. Als Nomina werden auch gebraucht die Participia aller Tempora, die sich auf
„i" und „ni" endigen: sentani   — tanko.
                           kiringtani   — tanko.
                           kiringkedni   — kedko.
                           kiringakadni — dko.

168. Ferner werden Nomina u. s. w. gebildet durch Inserirung eines „n" nach dem ersten Vokal des Verbalstammes, mit Wiederholung derselben:

god- (pflücken)   go-no-d,   das Pflücken.
ol-   (schreiben)   o-no-l,   das Schreiben.
dub- (sitzen)   du-nu-b,   das Sitzen.
hiju- (kommen)   hi-ni-ju,   das Kommen.
goë- (sterben)   go-no-e,   das Sterben.
                      u. s. w.

169. Endlich werden Nomina auch gebildet durch Anhängung von „tea" (der Infinitivendung) an den Stamm der Verba, z. B.

jometea, der Löffel,   von jom (essen).
dubtea, der Sitz,   von dub (sitzen).
oltea,   das Schreibgeschirr, von ol (schreiben).

Es wird dadurch das Instrument bezeichnet, mit welchem die Thätigkeit des Verbums ausgeführt wird; es ist gleichsam der Casus instrumentalis, gebildet von dem Verbalstamm, mit angehängtem „a": „dub   — te   — a.
                               sitzen — durch — das"
sc. das, wodurch das Sitzen ermöglicht wird.

170. Besondere Deminutivformen oder -Endungen giebt es nicht, welche dem deutschen „chen" und „lein" entsprächen. Deminutiva werden, wenn nicht besondere Namen für kleine Gegenstände etc. da sind, durch Vorsetzung von „huring und hupuring" oder durch Anfügung von „hon", Kind, bezeichnet, z. B. huring daru, ein kleiner Baum; ein

Bäumchen; karchul hon, ein Löffelkind, ein Löffelchen; katuhon, ein Messerchen.

Für „Väterchen" gebrauchen sie „abba", für „Mütterchen", „umma".

171. Verba können gebildet werden von jeder Art von Worten, Nominibus, Adjectivis u. Adverbiis, durch Anhängung der Verbalendungen z. B.:

rabang, kalt	— rabangtanae,	er friert.
suku, Glück	— suku-tanae,	er ist glücklich.
hasu, Krankheit	— hasutanae,	er ist krank.
mandi, Essen	— manditanae,	er kocht.
lolo, heifs	— lolotana,	es ist heifs.
nutum, Namen	— nutumtanae,	er nennt mit Namen.
durang, der Gesang	— durangeme,	singe.
gonong, der Preis	— gonongepe,	nennt den Preis.
hayhay! (Ausruf)	— hayhay tanako,	sie rufen hayhay!
taium, zurück	— taiumjanae,	er ist zurückgeblieben.

u. s. w.

IX. Syntax.

172. Folge der Worte. Hauptregel ist: der Satz beginnt mit dem Subject oder Nominativ, dann folgt das Prädikat, zuletzt kommt das Verbum oder die Copula.

sadom	bugin	menaya.
das Pferd	gut	ist.
mandi	sibil	banoa.
das Essen	schmackhaft	nicht ist.
am	etkan	menamea.
du	schlecht	bist.

173. Das Objekt nimmt die Stelle vor dem Verbum ein:

horo	hita	heretanae.
der Mann	Samen	er sät.
bing	amke	habmeae.
die Schlange	dich	sie wird beifsen.
enko	rengetankoke	bikotanako.
sie	die Hungrigen	sie speisen.

174. Steht ein Nomen im Genitiv, so steht es stets vor

dem Nomen, von welchem es regiert wird; die Adjectiva stehen vor den Substantivis, welche sie näher bestimmen.

apua ora
des Vaters Haus.
malia huring kanchi.
des Gärtners kleiner Korb.
raja ra marang seta.
des Königs grofser Hund.
marang raja ra ora.
des grofsen Königs Haus.

175. In Fragesätzen ist die Stellung der Worte gerade so, wie in affirmativen Sätzen, nur dafs die Fragepartikel die erste Stelle einnimmt:

enko nireako, sie werden laufen.
chia, enko nireako? werden sie laufen?
nea apuinga ora mena.
das ist meines Vaters Haus.
chia, nea apuinga ora mena?
ist das meines Vaters Haus?

Anmerkung: Über Fragesätze siehe hinten § 305 ff.

176. Ergänzungen für den Artikel.

Der Kolhsprache fehlen Worte für den bestimmten und unbestimmten Artikel, das Wort „horo", bedeutet „Mann", „der Mann" und „ein Mann".

177. Gewöhnlich zeigt der Zusammenhang des Satzes an, ob der bestimmte oder unbestimmte Artikel zu ergänzen ist. Der unbestimmte wird oftmals ersetzt durch das Zahlwort „miad", oder durch das Pron. indefinitum „jetai, jetan", z. B. miad hon ratanae, es weint ein Kind; jetai hon netare inungkenae, es hat hier ein Kind gespielt; miad raja jetan disumte senoyanae, ein raja ging in ein Land.

178. Ist genaue Bestimmung erforderlich, so wird der bestimmte Artikel „der, die, das" durch „ne und en", „dies und jenes", ausgedrückt, z. B. ne uri akaringoae, der Ochse wird verkauft werden; ne kaji alom riringea, das Wort vergifs nicht.

179. Um eine unschöne Wiederholung von „miad" und „jetai, jetan" zu vermeiden, gebraucht man beides abwechselnd, z. B. jetan hature miad prachin taikenae, in einem Dorfe

lebte ein Ältester; miad hon jetan pustak parhautane taikena, ein Kind las ein Buch.

180. **Das Verbum in Verbindung mit dem Nominativ.**

Das Subjekt steht immer im Nominativ, und als Regel gilt, dafs das **Verbum** mit seinem Subjekt oder Nominativ in gleichem Numerus und gleicher Person steht: horo jomtanae, der Mensch ifst; sadomko nirtanako, die Pferde laufen; aing chilekaing banchauoa, wie soll ich gerettet werden? enking kumbruking menakinga, die beiden sind Diebe.

181. Bezieht sich das Verbum auf 2 oder mehr Nominative, so steht der Dual, resp. der Plural: enga apuking senoyanaking, Vater und Mutter sind fortgegangen; enga apu, honko goëjanako, Mutter, Vater und Kinder sind gestorben.

Ausgenommen sind todte Wesen; bezieht sich das Verbum auch auf zwei oder mehrere derselben, so steht es dennoch im Singular: inia apia ora lo: jana, ihm sind drei Häuser verbrannt; inia taka, lija, bawa, lota tariko kumbrujana, seine Rupies, Kleider, sein Reis, seine Efsgefäfse sind gestohlen worden.

182. Ein **Nominativ** im Singular hat das **Verbum im Dual**, wenn von Frauen die Rede ist, welche Kinder haben: kuri senojanaking, die Frau ist gegangen; chia ama kuri menakinga chika, ist deine Frau da oder nicht?

183. Bezieht sich ein Verbum auf mehrere Nominative verschiedener Person, so steht bei zweien der Dual, bei mehreren der Plural: aing oro ini senoaling, ich und er, wir (beide) werden gehen; aing oro am oro ini senoabu, ich, du und er wir werden gehen.

184. **Das Adjectivum in Verbindung mit dem Substantivum.**

Es ist schon oben gesagt, dafs das **Geschlecht** nicht zum Ausdruck gebracht wird; es heifst bugin kora, bugin kuri, bugin ora, der gute Mann, die gute Frau, das gute Haus.

Es ist aus diesen Beispielen ersichtlich, dafs das Adjectivum dem Substantivum vorgesetzt wird, ohne in seiner Form verändert zu werden, selbst wenn es lebende oder todte Wesen sind, die es näher bestimmt.

Ebenso unempfindlich ist es gegenüber dem Numerus, es heifst: marangsadom, das grofse Pferd, und marang sadomko, die grofsen Pferde.

Das Adjectivum kann auch dem Substantivum nachgestellt werden, in welcher Stellung es ebenfalls **unverändert** bleibt. „Vater und Mutter sind gut," heifst **nicht**: enga apuking **buginking menakinga**, sondern: „buginmenakinga".

185. **Pronomina, Ordinalzahlen** und **adjectivisch** gebrauchte **Participia** werden wie Adjectiva behandelt: ainga sadom, ainga sadomko, mein Pferd, meine Pferde; abua hature gojakan kula taikenae, in unserm Dorfe war ein todter Tiger; sida horoking Paradiesreking taikena, die ersten Menschen waren im Paradiese.

186. Wird ein Adjectivum, eine Ordinalzahl oder ein Pronomen aber substantivisch gebraucht, so wird es wie ein Substantivum dekliniert, z. B. soben horoko gojoako, buginko oro etkanko, alle Menschen sterben, die guten und die schlechten; chia, ne ama honko menakoa? aingako menakoa, sind das deine Kinder? es sind die meinen.

187. Das **Relativpronomen** „oko, okoa", und das **Correlativum** „en" und **ena**" haben beide eine andere Stellung, wie im Deutschen und im Englischen. Das Relativpronomen nimmt die erste Stelle im Vordersatze, das Correlativum die erste Stelle im Nachsatze ein: Das Wort, welches ich dir gesagt habe, das thue, oko kajing kajiadmea, ena manatingeme (welches Wort ich dir gesagt habe, das thue);

oko sadom kiringkiam, chia, en bugin menaya? welches Pferd du gekauft hast, wie, das gut ist?

188. **Zusammenstellung mehrerer Substantiva.** Wenn ein Substantivum neben einem anderen, oder neben einem Personalpronomen steht, um dasselbe näher zu bezeichnen, wird es einfach (in demselben casus) daran gesetzt. Christochit munda aya otete senojanae, der Munda Christochit ist auf sein Feld gegangen; raja Gopal Singh aherte senojanae, der König Gopal Singh ist auf die Jagd gegangen; ale honko netare inungkenale, wir Kinder haben hier gespielt.

189. Titel etc. höheren Ranges können dem Nomen oder Pronomen vor- oder nachgestellt werden: Nathanael Tuyu

Padri Babu, oder Babu Nathanael Tuyu Padri oder Padri Babu Nathanael Tuyu.

Niedere Titel, Handwerksnamen etc. stehen nur nach: Ratan Munda, Ratan der Schulze; Subdia mali, Subdia der Gärtner.

Ebenso stehen die näheren Bezeichnungen für Länder, Dörfer, Flüsse etc. immer nach. Man sagt nicht „das Dorf Burju", sondern „Burja das Dorf" (Burju hatu) Vilayat disum, der Erdteil Europa; Karo gara, der Flufs Karo, u. s. w.

Vom Gebrauch der Casus.

190. Nominativ.

Das Subjekt jedes Satzes, ob es nun ein Nomen, oder ein Pronomen, ein Adjectiv oder Infinitiv (substantivisch gebraucht) ist, mufs im Nominativ stehen: jargida: senojana, die Regenzeit ist vorüber; ale Ranchietele hijutana, wir kommen von Ranchi; mundatanko rengetankoke dukujadkoako, die Reichen unterdrücken die Armen; aiumtea bugin mena, Hören ist gut.

191. Wie im Deutschen 2 Worte einfach aneinander gefügt werden, von denen das eine eigentlich im Genitiv stehen müfste, so auch im Kolh: Freudenwort, sukukaji; Felsenwort, kajisereng; Menschensohn, manoa hon; Lebenswort, jidankaji; Leidenszeit, dukudipli.

192. Durch Umwandlung des Satzes stellt der Kolh oft in den Nominativ, wo im Deutschen „mit". mit dem Dativ steht: „er sieht mit einem Auge nicht", „sein eines Auge sieht nicht", inia miad med ka neltana"; ainga miad lutur ka aiumtana, ich höre mit einem Ohre nicht.

193. Verba neutra und passiva, wie: „sein, werden, scheinen, genannt werden u. s. w." erfordern zur Vervollständigung des Prädikats ein Nomen im Nominativ: inia mon diri leka howajana, sein Herz ist wie Stein geworden; aing herakad hita marang daru howajana, der von mir gesäte Same ist ein grofser Baum geworden; ainga bagicha jangal howajana, mein Garten ist eine Wüstenei geworden; oko dasi bugi lekate kamitanae ini dharmi dasi kajiotanae, der Knecht, welcher seine Arbeit gut verrichtet, wird ein treuer Knecht genannt; en horo kumbru howawae, der Mensch wird ein Dieb werden.

Der Genitiv.

194. Der Genitiv ist ein vielgebrauchter Casus und wird hauptsächlich angewendet, wo ein Zusammenhang oder ein Ursprung ausgedrückt werden soll.

195. Der Genitiv hat seine Stellung stets vor dem Substantiv, von welchem er abhängt, z. B. setara kata, der Fufs des Hundes; horoa ti, die Hand des Menschen; raja ra hathi, der Elefant des Königs.

196. Der Genitiv steht ferner an Stelle des indirekten Objects, des Dativs, in Sätzen wie: sie haben mir acht Ziegen gestohlen, ainga irlia meromko kumbrukedkoako; thikadar aya haturenkoa ote re: kedae, der Pächter hat seinen Dorfleuten das Land geraubt; honko kuria chatuko rapudkeda, die Kinder haben der Frau den Krug zerbrochen.

197. Der Genitiv steht als Genitiv des Besitzers: hona lija, das Kleid des Kindes; Ishwar a kaji, das Wort Gottes; raja ra julum, die Habsucht des Königs. Soll eine Sache als zweien oder mehreren gehörig bezeichnet werden, so steht nur der letzte Besitzer im Genitiv, z. B. ne ote Yakub oro Suliman oro Kolhara mena, das Land gehört dem Jakob und Suliman und dem Kolha.

Ebenso steht dieser Casus beim Hilfsverbum „sein" und bedeutet dieses dann „haben und gehören": ainga gel uriko menakoa, ich habe 10 Kühe; raja ra upun sau hatu mena, der König hat 400 Dörfer; ama sajai howawa, du wirst bestraft werden.

198. Das Material, woraus etwas gemacht ist, steht im Genitiv: samrom ra mudam, der Ring von Gold; mered ra kudali, die Hacke aus Eisen; urra karpa, der Schuh aus Leder; darura dubtea, der Sessel aus Holz.

199. Der Preis und Wert einer Sache steht im Genitiv: gel takara lija, ein Kleid für 10 Rupies; irl sau takara hathi, ein Elefant für 800 Rupies; isu gonong-ra sadom, ein Pferd von grofsem Werte.

200. Mafs und Gewicht einer Sache steht im Genitiv: gel mukara lija, ein Kleid von 10 Muka (Länge von der Spitze des Mittelfingers bis zum Ellenbogen); upun paila ra kanchi, ein Korb, der 4 paila fafst; gelea man ra ote, ein

Feld von 10 Man (Aussaat); turia gaudira hora, ein Weg von 6 Stunden.

201. Alter und Zeit wird durch den Genitiv ausgedrückt: upun chandu ra hon, ein Kind von 4 Monaten; gel sirmara kaṛa, ein Büffel von 10 Jahren; musingra kami, die Arbeit eines Tages; barsingra hora, ein Weg von 2 Tagen.

Anmerkung: „Er ist 12 Jahr alt geworden", heifst dagegen: „ini gelbar sirma howakanae oder gelbar sirmakanae."

202. Das deutsche: „eine Art, eine Art von" steht im Genitiv; das, was dadurch erklärt oder näher bestimmt werden soll, steht im Nominativ, z. B.: nea mid rakamra jotana, das ist einer Art Frucht, eine Fruchtart; mon mid rakamra setengtana, enaëte bugina oṛo etkana omonotana, das Herz ist eine Art Quelle, aus der Gutes und Böses fliefst.

203. Der Kolh gebraucht den Genitiv, wo in anderen Sprachen der Locativus steht oder Präpositionen angewendet werden, z. B.: hatura hora, des Dorfes Strafse, die Strafse im Dorfe; burura daru, des Berges Baum, der Baum auf dem Berge; hijura dipli seterlena, die Zeit zum Kommen ist da; hoṛokoa jetan asra banoa, auf die Menschen ist kein Verlafs.

204. Das Zeichen des Genitivs wird auch vielfach ausgelassen, und der Genitiv bildet dann mit dem ihn regierenden Nomen gleichsam ein Wort: hoṛo kaji für hoṛoa kaji, Menschensprache; kajisereng für kajia sereng, des Wortes Fels; gaṛahora, Wasserstrafse; sayadburu, Gnadenberg; banda da: Teichwasser.

Der Dativ.

205. Der Dativ wird wie im Deutschen und Englischen gebraucht.

Eine Ausnahme findet nur statt bei „lagatinga" „mufs", was mit dem Dativ construiert wird: aingke sen lagatinga, mir gehen nötig ist, ich mufs gehen; amke hiju lagatinga, du mufst kommen; apeke itun lagatinga, ihr müfst lernen.

Der Accusativ.

206. Der Accusativ ist der Casus des directen Objects. Als solches hat er seine Stelle unmittelbar vor dem Verbum, von welchem er regiert wird, z. B.: kula baria uriking goëked-kingae, der Tiger hat zwei Ochsen getödtet; chiachi

sobenko inike nelkīteko borokeda, denn alle, die ihn gesehen hatten, fürchteten sich; raja inike dālkiae, der König hat ihn geschlagen; ini jiluke jomtanae, er ifst Fleisch; chikan kajim kajitana? was für ein Wort sprichst du?

Steht neben dem Accusativ (directen Object) ein Dativ (indirectes Object), so kann auch letzterer Casus unmittelbar vor dem Verbum stehen und mufs es, wenn der Nachdruck darauf liegt.

207. Verba, welche ein **Geben, Mitteilen** u. s. w. bezeichnen, haben die Sache, welche gegeben wird, im **Accusativ**, den Empfänger im **Dativ** bei sich, z. B. apuing ne kitab aingke omadingae, mein Vater hat mir das Buch gegeben; arandi diplire raja horokoke pura taka omadkoae, bei der Hochzeit hat der König den Leuten viel Geld gegeben.

208. Wird der **Empfänger** nur durch das Personalpronomen bezeichnet, so genügt es, wenn derselbe im Verbum zum Ausdruck kommt, es sei denn, dafs der Ton darauf gelegt werden soll im Unterschiede zu einem andern. Das erste Beispiel im vorhergehenden § sagt, dafs der Vater mir und keinem anderen das Buch gegeben hat. Man kann, wenn dieser Gegensatz nicht hervorgehoben werden soll, sagen: apuing ne kitab omadingae, mein Vater hat mir das Buch gegeben; kuri mandi omadkoae, die Frau hat ihnen Essen gegeben.

209. Einen **doppelten** Accusativ, des Objects und des Prädikats regieren die Verba „nennen, wozu machen, wofür halten", z. B.: aingke ama mitr atkaringme, halte mich für deinen Freund; enko inike doreare sentan nelkīte bongako atkarkia, als sie ihn auf dem Meere wandeln sahen, hielten sie ihn für einen Geist; raja Sulimanke mundake tharaukiae, der König hat den Suliman zum Schulzen ernannt; am aingke kumbrukem kajiadinga, du hast mich einen Dieb genannt; chia, am aingke hosoro horokem bicharingtana? wie, hältst du mich für einen lügnerischen Menschen?

Der Vocativ.

210. Der Casus der Anrede gleicht dem Nominativ mit Vor- oder Nachsetzung der im § 16 namhaft gemachten Interjectionen.

Folgende Beispiele mögen den Gebrauch dieses Casus näher zeigen: atea hon, bugin lekate kamime, Sohn, arbeite ordentlich; he hagako, mar hijupe, o Brüder, kommt schnell; da gati, nea idime, hier Freund, nimm das mit; hai Gomke, nea kaing daṛia, o Herr, das kann ich nicht; helape horoko, bodege hundinpe, o ihr Männer, versammelt euch schnell; Chamra ho, hijuruarme, o Chamra, komm zurück.

Im Gespräch wird die Interjection vielfach ausgelassen, dann aber oftmals „am oder ape" gebraucht, z. B. am hon, aiumcme, du, Sohn, höre; papiko aiumepe Prabhua kaji, Sünder, hört des Herrn Wort.

Der Ablativ.

211. Der Ablativ wird gebraucht bei Bildung des Comperativs und des Superlativs (siehe § 20 und 21).

212. Ferner gebraucht man ihn zur Angabe der Zeit, wo man im Deutschen „seit" setzt, z. B.: aing sanicharete orataing kaing bagikeda, ich habe seit Sonnabend mein Haus nicht verlassen; apia chanduëte ini jetana kaë kamikeda, er hat seit drei Monaten nichts gearbeitet.

213. Alle Verba, welche ein Weggehen, Verschiedensein, Entfernen u. s. w. ausdrücken, regieren den Ablativ: en hatuëte orongjanako, sie sind aus dem Dorfe gezogen; ente ini aya hagakoëte pharkanjanae, da trennte er sich von seinen Brüdern; chia, Gomke aya dasiëte kaë pharkatanae? wie, ist der Herr von seinem Diener nicht verschieden? okoë ne dukuëte banchauingae? wer wird mich von diesem Leiden befreien?

Instrumentalis.

214. Der casus instrumentalis wird in ausgedehntem Mafse gebraucht, hauptsächlich, um das Instrument zu bezeichnen, mit dem eine Handlung ausgeführt wird, z. B. ini kulake kapite goïkiae, er hat den Tiger mit der Tigeraxt getödtet; abu karchulte jomtanabu, wir essen mit dem Löffel; ini katute hadtanae, er schneidet mit dem Messer; uri bairte tolakanae, der Ochse ist mit dem Stricke gefesselt; lauka alpungkote topajana, das Schiff ist von den Wogen bedeckt worden; bawa da: te bagraujana, der Reis ist durch das Wasser verdorben.

215. Die **Gesinnung** in der und mit der etwas geschieht, wird durch den casus instrumentalis ausgedrückt, z. B.: aya monete enleka howajana, mit seinem Willen ist es so geschehen; kiste inike goïkiae, aus Hafs hat er ihn getödtet; enga apuking premteking asulkia, Vater und Mutter haben ihn mit Liebe aufgezogen; premte arandikedingae, aus Liebe hat er mich geheiratet.

216. Worte, welche eine **Ursache** oder einen **Grund** angeben, stehen in diesem Casus, z. B.: dukua horate ini banchaujanae, er ist durch Leiden gerettet worden.

Anmerkung: Hierher gehört auch die Postposition „nangen", welche meistens mit dem Zeichen des casus instrumentalis „te" gebraucht wird, z. B.: ena nagente nirjanae, deshalb ist er fortgelaufen; abua nagente duku sahatingkedae, um unsertwillen hat er Schmerzen gelitten.

217. Die **Substanz**, aus welcher etwas gemacht wird, steht im casus instrumentalis; z. B.: barkom bairteko baitana, die Bettstellen machen sie aus Stricken; ini aya ora hasate baikedae, er hat sein Haus aus Erde gebaut; tantiko sutamte lijako baitana, die Weber weben die Kleider aus Baumwollengarn.

218. „**Durch, weil, aus, mit**" werden durch den casus instrumentalis ausgedrückt; z. B.: raja ra bedate ini rengejanae, durch des Königs Betrug ist er arm geworden; apua papte soben honko bagraujanako, durch des Vaters Sünde sind alle Kinder verdorben worden; hakima hukumte ncaing rikakeda, auf Befehl der Obrigkeit habe ich dieses gethan; sajai ra borote, aus Furcht vor Strafe.

219. „**Beschämt sein**", „giutea", hat die Person oder Sache, welche die Thätigkeit des Verbums verursacht, im casus instrumentalis bei sich, z. B.: aing ainga etkan kamite giutanaing, ich schäme mich meiner schlechten That; chia, am nirlete kam giutana, wie, du schämst dich deines Fortlaufens nicht? (wörtlich: wie, du bist durch dein Fortlaufen nicht beschämt?)

220. Alle Verba, welche einen **Affect** bezeichnen, wie: „**zittern, weinen, lachen, fröhlich sein** u. s. w. haben die Ursache des Affectes im casus instrumentalis bei sich, z. B.: sim bingke nelkīte ekelatanae, das Huhn zittert durch

das Ansehn der Schlange (beim Anblick); hon laira dukute ra:-tanae, das Kind weint vor Leibschmerzen; en horoko raskateko landatana, diese Menschen lachen vor Freude; mandi jomleteko sukutana, sie sind durch Essen befriedigt; chia, neatem sukutana? wie, damit bist du zufrieden?

221. Bei den Verbis „kranksein und sterben" steht die Ursache im casus instrumentalis z. B. en hature upun horoko obha rogteko goëjana, in jenem Dorfe sind 4 Leute an der Cholera gestorben; chia, ini borote goëjanae? wie, ist der vor Furcht gestorben? apuing lai dulte hasutanae, mein Vater ist krank am Durchfall.

222. Die Verba „kaufen und verkaufen", haben den Preis im casus instrumentalis bei sich, z. B. ini aya ote bar sau takate akiringkedae, der hat sein Feld für 200 Rupies verkauft; am takate suku kiring kamdaria, du kannst für Geld Glück nicht kaufen; raja en hathike mid hazar apia sau takate kiringkiae, der König hat den Elefanten für 1300 Rupies gekauft.

223. Der Locativus

bezeichnet zunächst den Ort, wo jemand oder etwas ist oder wo etwas geschieht, z. B. Prabhu bar hisi din birre katabtan taikenae, der Herr fastete 40 Tage in der Wüste; ne otere Singbonga horoko baikedkoae, Gott hat auf dieser Erde Menschen geschaffen; aing orare taikenaing, ich war im Hause·

224. Weiter steht im Locativus aber auch die Zeit, in der etwas geschehen ist oder geschehen wird, z. B. oko sirmare janmelam? in welchem Jahre bist du geboren? morea mārebu idia, in 5 Tagen wollen wir sie (die Braut) wegführen; holare gatiko nere taikenako, gestern waren die Freunde hier.

225. Auch die Lage, in der sich jemand befindet, steht im Locativus, z. B. aing isu dukure menainga, ich bin in schwerem Leiden; sukure taiken imtage Prabhuke kaë namliae, als er im Glück war, hat er nicht nach dem Herrn verlangt.

226. Auch auf die Frage „wohin?" steht bei den Verbis „steigen, aufsteigen, klimmen etc." der Locativus, abweichend vom Gebrauch anderer Sprachen, z. B. ini laukare de:janae, er stieg in das Schiff; enko sadomkoreko de:-jana, sie stiegen auf die Pferde; aing en burure kaing rakab-

daria, ich kann auf den Berg nicht steigen; en darure rakabeme, steige auf den Baum.

227. Bei den Verbis, welche ein „Kommen und Zurückkommen" bedeuten, steht der Locativus, z. B. ainga kora orare kaë hijuruarlena, mein Mann ist nicht nach Hause gekommen; am girjare chikan nagente kam hijutana? weshalb kommst du nicht zur Kirche? ainga hature jetai kaë hijulena, in mein Dorf ist niemand gekommen.

228. Bei den Verbis „glauben, trauen, vertrauen" steht die Person oder Sache, der man glaubt oder traut im Locativus, z. B. aing inire kaing patiara, ich traue ihm nicht; abu Parmeshwar a kajire bishwastanabu, wir glauben an Gottes Wort; aing Parmeshwar apureng bishwastana, ich glaube an Gott, den Vater.

229. Das deutsche: „Haben" wird mit dem Hilfszeitwort „sein" ausgedrückt; dieses sowohl, wie die Ausdrücke des Suchens und Findens haben die Person, welche etwas hat oder nicht hat, und bei der etwas gesucht oder gefunden wird im Locativ, wenn von einer Eigenschaft die Rede ist, z. B. amre thikāna banoa, in dir ist (du hast) keine Sicherheit; chia apere bishwas mena? wie, habt ihr Glauben? enkore sarti ka namoa, in denen wird Wahrheit nicht gefunden werden.

230. Die Form „ren" des Locativs wird gebraucht, wenn die Zugehörigkeit eines lebenden Wesens zu einer Örtlichkeit ausgedrückt werden soll, z. B. haturenko, die Dorfleute; orarenko bangkoa, die Hausbewohner sind nicht da; Vilayatrenko, die Europäer; ainga oraren uriko, meines Hauses Ochsen.

231. Soll die Zugehörigkeit einer Sache ausgedrückt werden, so wird „rea" gebraucht, gleichsam der Genitivus des Locativus, z. B. orarea bawa, der Reis, der im Hause ist; birrea daruko, die Bäume des Waldes.

232. Gebrauch der Adjectiva.

Der Gebrauch der Adjectiva ist in der Kolhsprache beschränkter, als in anderen Sprachen, denn in vielen Fällen, wo der Deutsche, Hindu, Engländer, ein Adjectivum setzt, gebraucht der Kolh ein Verbum oder verbalisiert das Adjectivum: ora sukulte pereakana, das Haus ist voll Rauch; nirlete lagajanaing, ich bin müde vom Laufen; illi nukedte bultanae, er ist trunken vom Illi-trinken; aing rengetanaing, ich bin hungrig.

233. Alle **Adjectiva**, welche eine **Trennung und Entfernung** ausdrücken, stehen mit dem **Ablativ**: aingete sanging tinguntanae, er steht fern von mir.

234. **Adjectiva** oder verbalisierte Adjectiva, welche ein „angefülltsein" bedeuten, haben den casus instrumentalis bei sich; gaṛa da: te perakana, der Flufs ist voll Wasser; jomlete bijanaing, ich bin satt vom Essen.

235. Einige **Adjectiva**, besonders solche, welche eine **Eigenschaft** ausdrücken, stehen mit dem Locativus, ini kamire askati menaya, er ist faul im Arbeiten; ape bishwasre drirh bangpea, ihr seid nicht fest im Glauben.

236. Dafs die **Adjectiva nicht comperirt** werden können ist schon § 20 und 21 gesagt. Einige Beispiele mögen hier folgen: apuing sobenkoëte bugin menaya, mein Vater ist der allerbeste; Calkatta sobenete marang hatutana, Calkatta ist die gröfste Stadt; en barankingete oköe maranga? wer ist der Gröfsere von den beiden? ni iniete marang menaya, der ist gröfser, als jener.

237. **Syntax der Pronomina.**

Im Gegensatz zum Deutschen, Englischen und Hindi wird das **Personalpronomen nur im Singular gebraucht**, wenn von einer Person die Rede ist; die Anrede, auch an hochstehende Personen, ist nicht „Sie" oder „Ihr", sondern „Du": He Gomke, gapa am loing kaing sendaṛia, Herr, ich kann morgen nicht mit Dir gehen; he raja gomke, am tising ainga kaji bicharean chika? o Herr König, wirst du heute meine Sache richten oder nicht?

238. Eine **Ausnahme** des obigen findet nur statt, wenn **Mütter** angeredet werden, oder von Müttern die Rede ist, welche Kinder haben: atea, missi, tising Burju te senoaben chika? höret, Schwester, werdet ihr heute nach Burju gehen oder nicht? chia, ama kuṛi menakinga? ist deine Frau da? bangkinga, sie ist nicht da.

239. Wie schon gesagt, wird die Nominativform der Substantiva häufig für die Accusativform gebraucht; ist das Object aber ein Personalpronomen, so mufs, in den allermeisten Fällen, die Accusativform mit „ke" stehen: aing apeke itukedpeaing, ich habe euch unterrichtet; ini alcke hosoro thaharaujadleae, er macht uns zu Lügnern.

240. Im Gegensatz zum Deutschen wird bei Aufzählung von Personen die erste vorangesetzt, also nicht: „Du, er und ich", sondern „ich, du und er": am oṛo aing senoaling, ich und du, wir wollen gehen; aing oṛo am oṛo hagako ale senkenale, ich und du und die Brüder, wir sind gegangen.

241. Das Personalpronomen wird im Gespräch häufig ausgelassen, weil es aus der Verbalform leicht zu ersehen ist: bujhaukedam chi? hast Du es verstanden oder nicht? hantele hijutanako menkeda, ente dubjanako oro illiko nukeda, von dort kommen wir, sagten sie; dann setzten sie sich und tranken Illi; mar jomepe, macht, esset; jomkedako, sie afsen.

242. Das Pronomen possessivum (siehe § 30).

243. Das Pronomen reflexivum (§ 31) wird auch substantivisch gebraucht, wie das lateinische „suus": sansarrenko akoge eskar dularentanako, die Heiden licben nur sich selbst; ini aya re hijulenae, er kam in das Seine (sein Eigentum) akoa oraëteko oronglena, sie gingen aus ihrem eigenen Hause; aëge dularentanae, er liebt sich selbst; aëge rikakedae, er selbst hat es gethan; chia, aingke doshim kajiaingtana? amge kumbrukedam, wie? mich beschuldigst du? Du selbst hast ja gestohlen.

244. Pronomina relativa und correlativa sind der Vollständigkeit wegen angeführt; zu bemerken ist jedoch gleich hier, dafs ihr Gebrauch ein sehr beschränkter ist, und dafs es gerade eine grofse Eigentümlichkeit der Kolhsprache ausmacht, so wenig wie möglich Relativsätze zu bilden.

Der Kolh sagt nie: „Der Oche, welchen mein Hund gebissen hat, ist gestorben", sondern, entweder passivisch: „ainga seta te habakan uri goëjanae" oder activisch; ainga seta habakai uri goëjanae; „wer sein Kind lieb hat, der züchtiget es" wird nicht ausgedrückt; „oko aya hon dulariae, inike sajaiae", sondern: „aya honke dularitani, inike sajaiae."

245. Es geht schon aus obigem hervor, dafs anstatt das Relativpronomen zu gebrauchen, Participialsätze construiert werden: „adhyapak oṛo marangyajak hoṛoko, nea ayumkedte, chilekatebu gojia menteko bicharkeda, die Schriftgelehrten und Hohenpriester, welche dieses hörten, berieten sich, wie sie ihn tödten sollten; ente Pharisiko oṛo miad baria adhyapakko Jirusalimete hijulente initareko hundiyana, da versammelten sich Pharisäer und einige Schriftgelehrte, welche von Jerusalem gekommen waren, um ihn; hoṛore jetan bolotan ·biti inike apawitr kaë rikadaria, was in den Menschen hineingeht, das macht ihn nicht unrein.

246. Auch das Correlativum kann einfach weggelassen werden, z. B. dharm a nagente rengetan, tetangtanko sukutangeako, selig sind die, welche hungert und dürstet nach Gerechtigkeit; chiachi jetai asinike omoa oṛo nanamni nameae, denn wer da bittet, der empfängt, und wer da suchet, der findet.

247. Die Adverbia relativa und correlativa werden dagegen gebraucht wie im deutschen: okotare ama kurjiko menakoa, entare ama mon taintanae, wo dein Schatz ist, da ist dein Herz; okore da: mena enre haikuko menakoa, wo Wasser ist, da sind Fische.

248. Über das Pronomen interrogativum ist das wichtigste schon § 35—37 gesagt, ebenso über das Pronomen indefinitum § 38, einige Beispiele mögen den Gebrauch weiter zeigen: ni okoë menaya oder okoëtani? wer ist das? idu, jetai mahajan menaya, ich weifs es nicht, es ist wohl irgend ein Kaufmann; ama chikan nutum mena? wie heifst du? am chikanam kiringkeda? was hast du gekauft? aing jetana kaing kiringkeda, ich habe gar nichts gekauft; oko hoṛo hijulenae? wer ist gekommen? idu, jetai Gomke hijulenae aing kaing ituana, irgend ein Herr ist gekommen, ich kenne ihn nicht; chia, am taka oṛo lija kumbrukedam chi ka? hast du Geld und Kleider gestohlen oder nicht? ka Gomke, aing jetana kaing kumbrukeda, nein Herr, ich habe nichts gestohlen; okoë neladingae? wer hat mich gesehen? nel do jetai kaë neladmea, gesehen hat dich freilich niemand.

249. Gebrauch der Verba.
Die Schwierigkeit der Kolhsprache liegt in der Veränderlichkeit des transitiven Verbs. Je nachdem das von demselben regierte Object eine Person oder Sache, ein lebendes oder totes Wesen ist, im Singular, Dual oder Plural steht, wird die Form des Verbs verändert.

250. Bei der Bildung des verbi transitivi (§ 94) ist bereits erwähnt, dafs, wenn das Object ein lebendes Wesen ist, „i, king und ko", wenn es ein lebloses ist „e", zwischen Stamm und Endung des Praesens, Imperfects, des Futuri und des Imperativs, so wie der Participia eingefügt wird. Die Perfecta des Präsens def. und das Plusquamperfectum nehmen die Bezeichnung (e) für das leblose Object nicht an; sie fügen, wie das Paradigma zeigt, das abgekürzte pronomen personale zwischen Tempuscharakter und Personalendung ein, und haben für die 3. Person Singularis eine besondere Form, wenn das Object ein lebendes ist. Siehe das Paradigma § 96.

Die Beispiele zeigen den Gebrauch: ini aya orake akiringetanae, der verkauft sein Haus; enko akoa oteko akiriugea, sie werden ihr Feld verkaufen; ini aya soben taka kharcha chabaeae, er wird sein ganzes Geld aufzehren; ainga topi okotarea, mar agueme, wo ist mein Hut, schnell, bringe ihn; kuṛiko bawako rurungetana, die Frauen stampfen Reis; bairiko ainga ote oṛo orako bagraukeda, die Feinde haben mein Feld und mein Haus verwüstet.

Wenn das Object ein **lebendes Wesen** ist: enga apuking akinga honko idikotanaking, Vater und Mutter führen ihre Kinder hinweg; moṛea mare dutam kora apu oṛo hagako kuṛia hatute idijadkoae, am fünften Tage führt der Brautwerber den Vater des Bräutigams und die Brüder in das Dorf der Braut; kaji a i me chi aya uriko agukokae, sage ihm, er solle seine Ochsen bringen; sahebko seterlenako; salamkotan taiken imtage, ju senope metadleako, die Sahebs kamen an; als wir ihnen Salam machten, sagten sie: geht fort; dasiko menakoa chi ka? sind die Diener da oder nicht? bangkoa Gomke, nein, Herr; chia, am enko raaukedkoam chika? hast du sie gerufen? he Gomke raaukedkoaing, ja Herr, ich habe sie gerufen; aing uriko tebakadko taikenaing, batkam enko nirjanako, ich hatte die Ochsen hergebracht, aber sie sind fortgelaufen; diku aya prajako dalkedkote, thanate idikedkoae, der Hindu hat seine Leute geschlagen und auf die Polizei geführt; ini bar kuri honking gonongkedkingae, er hat seine 2 Töchter verheiratet.

251. Denselben Einfluſs wie das directe Object, der Accusativ, hat auch das indirecte, der Dativ; der Numerus desselben wird durch die abgekürzten Formen „i, king, ko" in dem Verbum selbst zum Ausdruck gebracht, ebenso wie das Personalpronomen: bar sa kajiadpeaing, na: alope riringea, zweimal habe ich es euch gesagt, nun vergeſst es nicht; alope senoa, alelo mandi jomepe, metadkoae, gehet nicht, esset mit uns, hat er zu ihnen gesagt; ape bugin bangpea, ape hosoro horotanpe, mente ini aleke dosh lagaukedleae, ihr seid nicht gut, ihr seid Lügner, so beschuldigte er uns; ini enko kajiruaradkoae, er antwortete ihnen.

252. Stehen beide Objecte, ein directes und ein indirectes im Satze, abhängig von einem Verbum, so hat das indirecte das Vorrecht, durch sein Pronomen in demselben zum Ausdruck gebracht zu werden; das directe kommt dann im Verbum nicht zum Ausdruck: aing inike apia uriko omadiaing, ich habe ihm 3 Ochsen gegeben; oro Jisu lad sabkedae oro joharkedte kechakedae oro aya chelakoke omadkote kajiadkoae, und Jesus nahm das Brot und gedankt habend, brach er es, und seinen Jüngern gegeben habend, sprach er.

253. **Das Verbum in der Zusammensetzung mit einem andern Verbum.**

§ 119 ff. sind eine Anzahl Verba genannt, welche in Verbindung mit einem anderen Verbum gebraucht werden können, dessen Thätigkeit sie dann näher bestimmen. Findet eine solche Verbindung statt, so nimmt das Verbum, dessen Thätigkeit näher bestimmt wird, die erste Stelle ein und zwar in der Form seines Verbalstammes, an welchen das zweite Verbum angehängt wird.

254. daritea, können, vermögen: chia, am tising Ranchite sendariam? wie, wirst du heute nach Ranchi gehen können? nea kaing oldariada, ich konnte das nicht schreiben; abu hola kabu kamidarikena, wir konnten gestern nicht arbeiten.

255. **ichitea**, lassen, und **rikatea**, machen, lassen; beide Verba unterscheiden sich dadurch von einander, daſs das erstere ein „lassen", d. h. „nicht hindern" bedeutet, das zweite dagegen eine **Thätigkeit**, behufs Ausführung der Thätigkeit des Verbs in sich schlieſst: am inike alom dalia, senichime, schlage ihn nicht, laſs ihn gehen; honko dubichikome, laſs doch die Kinder sitzen; honko dubrikakome, laſs die Kinder sich setzen; am horoko kamiichikome, laſs die Leute arbeiten (hindere sie nicht); horoko kamirikakome, laſs die Leute arbeiten (befiehl ihnen, treibe sie an.)

256. Stehen diese Verba in Verbindung mit einer Negation, so kann dieselbe auch zwischen beide Verba eingeschoben werden; abu sen kabu daria, wir können nicht gehen; am enko kami kam ichikedkoa, du hast sie nicht arbeiten lassen.

257. **chabatea** hat die Bedeutung des „auf" in „aufessen, aufarbeiten" u. s. w. ini jomchabakedae, er hat aufgegessen; nea kamichabakedte orate sendariam, wenn du das aufgearbeitet hast, kannst du nach Hause gehen; soben mandi alom jomchabaea, oro horoko hijuako, iſs nicht alles Essen auf, es kommen noch Leute.

258. **hokatea**, aufhören, wird meistens allein gebraucht, jedoch findet es sich auch in Verbindung mit einem andern Verbum; ju, nelime, kuli kamitanae chi ka; banoge Gomke, hokakedae, geh' und siehe, ob der Kuli noch arbeitet; nein, Herr, er hat aufgehört; hokape, hört auf.

259. **ete:tea**, anfangen, beginnen, wird ganz im Sinne der deutschen Bedeutung gebraucht: chiulape kamiete:a, wann werdet ihr anfangen zu arbeiten? idangete kami ete:-kenaing, na jaked ena kaing chabekeda, von ganz früh an habe ich gearbeitet, und bis jetzt es noch nicht fertig gebracht.

260. **ruartea**, zurück, wieder, wird aber nicht im Sinne von „noch einmal" und „wiederholen" gebraucht (wofür oro gebraucht wird), sondern in Verbindungen wie: zurückgeben, wiederkehren, zurücksetzen u. s. w. holabu hiju ruarlena, wir sind gestern zurückgekommen; am bar taka paincha asitanam, chiula omruaraingam? Du willst 2 Rupies geliehen haben, wann willst du sie mir zurückgeben? ama hon Asamte nirjanae, ju auruaraime, dein Sohn ist nach Assam gelaufen, mach! hole ihn zurück.

261. menetea (mentea), das lateinische „inquit", sagen, wird sehr viel gebraucht, da der Kolh fast nur in directer Rede referiert, und diese durch das nachgesetzte „menetanae, menkedae u. s. w. anzeigt.

Den Satz: „Der König befahl, dafs die Soldaten zurückkämen", drückt der Kolh aus: raja „hijuruarepe" mente sipaiko hukumadkoae, der König, „kommt zurück", sagend, gab den Soldaten Befehl; che̱re urileabu menteko kajijada, wir wollen die Vogelanzeichen betrachten, sagen sie; dubjanchi, illi tilepe, nueabu dutam menkedae, nachdem man sich gesetzt hatte, sagte der Brautwerber „schenkt Illi ein, wir wollen trinken; namtadkoaing, mo̱re mare le hijua mente kajiadkoae, ich habe sie gefunden, in 5 Tagen kommen wir wieder, (sagend) sagte er zu ihnen; chia, bharia tebalenae chi ka? ju, kulime, ist der Lastträger angekommen? geh' und frage; ka tebalenae men, (für menkedae oder metadingae) er ist nicht angekommen, sagte sie; am kumbrukedam, mente dosh lagaukedingae, du hast gestohlen, sagend, hat er mich beschuldigt, für: er hat mich beschuldigt, dafs ich gestohlen habe; hay, karam bonga menkedae, o Karam Bonga, sagte er; hay, hay, honing korataing do, kotate senkenam, mente ku̱ri ra: kedae, o, o! mein Sohn du! wo bist du hingegangen, sagend, klagte die Frau; hela ho, mar hijume, mente Gomke raauliae, du Mensch, komm zurück, sagend, rief ihn der Herr.

262. Es werden aufser den vorgenannten noch eine ganze Anzahl von Verben in der Zusammensetzung mit einander. gebraucht, was durch den Gebrauch zu lernen ist, z. B. sabtea, fassen und iditea, fortführen: sabiditea, fassend wegführen; sipaiko kumbruko sabidikedkoako, die Polizisten haben die Diebe gefafst und abgeführt; nirtea, laufen und bolotea eingehen: seta orare nirboloyante honke habkiae, der Hund in das Haus laufend, bifs das Kind; nea kaing go:idi-dariaing, das kann ich nicht wegtragen; (eine Verbindung von 3 Verbis: go: tea tragen, iditea wegführen und daritea, können) ebenso: chia, am nea jomchabadariam? wie kannst du dieses aufessen? idu, hijuruardariaing chika, wer weifs, ob ich werde zurückkommen können.

Gebrauch der Tempora und Modi.

263. Das **Praesens definitum** wird gebraucht, um eine Handlung als in der Gegenwart wirklich werdend, sich entwickelnd, zu bezeichnen: aing chitti oltanaing, ich schreibe einen Brief; ni amke kajiamtanae, der redet zu dir; bawa bahatana, der Reis blüht (steht in Blüte) uriko tasad jomtanako, die Ochsen fressen Gras, d. h. sie sind eben beim Fressen.

264. Das **Praesens indefinitum** bezeichnet die Handlung dagegen als eine **dauernde**: ne hoṛo sukute omjadae, der Mann giebt mit Lust; uriko tasad jomjadako, die Ochsen fressen Gras; ape hoṛo kaji bugi lekate pe kajijada, ihr sprecht das Mundari sehr gut; inike dasike alom doia, ini bugin lekate kae kamijada, den nimm nicht als Diener an, der arbeitet nicht gut.

265. Als **Praesens historicum** wird es sehr häufig gebraucht: dutam hijulenae oṛo kajijadae chi ape moṛea mare senope, der Hochzeitbitter kam und sagt, gehet in 5 Tagen; hature tebakedchi kulijada, chi ho, lai hasu, bo hasu bugitangea chi? im Dorfe angelangt, fragt er, hört, seid ihr frei von Leib- und Kopfschmerz? (wie gehts euch?)

266. Der **Conjunctiv Praesentis** wir gebraucht, um Möglichkeit, Neigung, Wunsch, Nötigung etc. auszudrücken: he Gomke, gogoko na: jom sanangtanako, o Herr, die Träger wollen jetzt essen; jomekako, sie mögen essen; he Prabhu, ainga med ni: oka, o Herr, dafs meine Augen möchten geöffnet werden; bolokae, metaime, sage ihm, er möge eintreten.

267. Das **Imperfectum** stellt eine Handlung als in der Vergangenheit werdend, sich entwickelnd und dauernd dar: singi hasureanchi, enko manditanko taikena, als die Sonne untergegangen war, kochten sie ihr Essen; nidare honko gititanko taikena, ente mid bing orare boloyante, Kaloke habkiae, in der Nacht schliefen die Kinder, da kam eine Schlange in das Haus und bifs den Kalo.

268. Das vom **Participium Praesentis indefiniti** gebildete **Imperfectum** wird fast nur in Erzählungen, Berichten etc. gebraucht.

269. Das **Futurum** bezeichnet, dafs etwas in der Zukunft schlechthin geschehen wird, manchmal auch, dafs eine

Handlung in der Zukunft eintreten wird; es hat sowohl definitive, als indefinitive Bedeutung: ape tisingpe senoa, ihr werdet heute gehen; gapaing omapea, ich werde es euch morgen geben; enko gel sirmareko hijuruara, sie werden in 10 Jahren zurückkommen; aing ape lo chiula kaing sena, ich werde nie mit euch gehen.

270. Der Kolh gebraucht die einzelnen Zeiten, insonderheit das Futurum sehr exact. Sätze, wie „ich gehe heute noch nach Hause", drückt er, da das Gehen noch nicht definitiv eingetreten ist, durch das Futurum aus: tising orateng senoa; das kann ich nicht schreiben, nea kaing oldaṛia (das werde ich nicht können); (nea kaing oldaṛitana sagt er nur, wenn der Versuch, eben in der Gegenwart, mifsglückt ist). Alle Fragen nach dem Können und Vermögen einer Handlung werden also durch das Futurum beantwortet, (daṛiaing oder kaing daṛia) sobald nicht der Versuch dazu gemacht ist oder wird.

271. Das Futurum wird auch gebraucht, wo man im Deutschen „soll" setzt, z. B. in Fragen: „soll ich gehen?" chia senaing chika? was soll ich thun? chinaing chikaia? soll ich bleiben oder gehen? chinaing rikaia, senaing chi tainaing?

272. Wo der Deutsche „wollen" braucht, bedient sich der Kolh des Futurs: ich will heute nach Singbhum gehen, tising Singbhum teng senoa (werde gehen); der Kuli sagt, er will nicht gehen, kuli kaing sena mentanae; willst du nicht essen? china, kam joma? nein, ich will nicht, banoa, kaing joma.

Anmerkung: „Wollen" wird durch ein besonderes Wort (sanangtea) nur dann ausgedrückt, wenn es so viel bedeutet, wie unser „Wünschen": er wünscht das mitzunehmen, nea idisanangtanae; das Kleid wünscht die Frau zu kaufen, kuri ne lija kiring sanangtanae u. s. w.

273. Das Futurum exactum, welches bezeichnet, dafs eine Handlung in der Zukunft im Zustande des Vollendetseins vorliegen wird, bildet man mit Hilfe des Verbums „chabatea": he Mali, tising nea ka tayaroa? höre Mali, wird das heute nicht fertig werden? aiub jaked urchabaćaing, ich werde es bis zum Abend fertig gegraben haben; tising nea ol ka chabaoa, das wird heute nicht fertig geschrieben werden.

274. Das **Perfectum** bezeichnet eine Handlung als vollendet in der Zeit, in welcher von derselben die Rede ist. Das **Perfectum indefinitum** unterscheidet sich nun von dem **definitum** dadurch, dafs ersteres die vollendete Handlung als in die Gegenwart hineinreichend darstellt, während letzteres die vollendete Handlung, als abgeschlossen hinstellt.

a) **verba intransitiva**: ini hijulenae, er ist gekommen, er ist da (was soll nun weiter werden), ini hijakanae, er ist gekommen (die Handlung ist abgeschlossen); enko senojanako, sie sind gegangen (um etwas zu thun), enko senakanako, sie sind gegangen (sie sind fort, die Handlung ist abgeschlossen); otere kushal agu nagente kaing hijuakana, ich bin nicht gekommen, den Frieden auf die Erde zu bringen; ini chilekate Parmeshwar a oṛa re bolojanae oro daṛē ladko jomkedae, ena jojomra hukum inia oṛo inia gatikoa do ka, batikam yājakkoa eskarge taikena? wie ist er in den Tempel eingedrungen und hat von den Schaubroten gegessen, die zu essen nicht ihm und seinen Genossen, sondern nur den Priestern erlaubt war?

b) **verba transitiva**: ne otere Singbonga hoṛoko baikedkoae, Gott hat auf der Erde Menschen geschaffen; kupulko oṛarenkoa kajiko aiumkeda oṛo manakingkedte tainjanako, die Besucher hörten das Wort derer im Hause, und es befolgend, blieben sie; ini hoṛo lekatedo ka, batikam perean hoṛo leka updeshkedae, er lehrte nicht wie ein Mensch, sondern wie einer, der Gewalt hat; etkan bonga en hoṛoke rumkiae, der böse Geist hat den Menschen geschüttelt; chia, am ama mal childri rem takilkeda? wie, hast du deine Steuern im Gericht niedergelegt?

c) **verba passiva**: Jisu bilkayanae oṛo ti jillingkedte inike judidkiae oṛo, sanangtanaiug, bugiome, metadiae, Jesus fühlte Erbarmen, und die Hand ausstreckend berührte er ihn und sagte zu ihm „ich will es, sei gesund"; okoa Musa hoṛokoa goa nagente thaharauakadae, ena rakabeme, was Moses zum Zeugnifs für die Menschen bestimmt hat, das opfere; daru subare tingunakanae, er hat sich unter den Baum gestellt; kumbruko hakim a bicharte jailjanako, die Diebe sind auf das Uṛteil des Richters hin in das Gefängnis geworfen worden.

275. Über den Gebrauch des Plusquamperfects ist nichts besonderes zu sagen.

276. Der modus conditionalis ist in dem Paradigma eines jeden Genus verbi gleich angegeben worden, es ist also hier der Ort, von dem Gebrauch dieses Modus in Bedingungssätzen zu handeln.

277. Als erste Regel gilt, dafs der Satz, welcher die Bedingung enthält, stets den ersten Platz einnimmt (Vordersatz); der Nachsatz nimmt den zweiten ein.

278. Der Kolh drückt mit seinem modus conditionalis beides aus, sowohl den modus der Wirklichkeit ($εἰ$ c. Ind. im Griechischen) als auch den modus der Erwartung ($ἐάν$ c. Conj.)

279. Steht im Vordersatze das Praesens oder Futurum, so steht im Nachsatze das Futurum.

he Gomke, am sanangtanredom bugidariainga, o Herr, wenn du (jetzt) willst, kannst du mich heilen; ape hijuredope omapeaing, wenn ihr kommen würdet, würde ich euch geben; bulung saba: oredo, chilkate sibiloa, wenn das Salz dumm wird, wie soll gesalzen werden; jetai gojoredoë, bichar tayadre sajai name leka howawae, wenn jemand stirbt, so wird er im Gerichte straffällig werden; kami chabaredom paisa nameam, wenn du fertig wirst, wirst du Paisa erhalten.

280. Im Nachsatze kann auch das Praesens und der Imperativ in folgenden Fällen stehen: hosorote etkan kajiko apea birudhko kajiaperedo, ape sukutangeape, selig seid ihr. wenn (die Menschen) sie lügnerisch gegen euch Übeles reden; ama jomtisara med biraumeredo, ena endaeme, ärgert dich dein rechtes Auge, so wirf es weg; Ranchiete hijuredom aing tate hijume, kehrst du von Ranchi zurück, so komme zu mir.

281. Steht das Verbum des Vordersatzes im Präteritum, so steht das des Nachsatzes im Infinitiv: am hijulenredom ainga undi kaë gojotea, wärest du gekommen, mein Bruder wäre nicht gestorben; urikoa thik gonong omadingredom, am enkoke namkotea, hättest du mir für die Ochsen den richtigen Preis gegeben, so würdest du sie erhalten haben; am hon taiken diplire besh lekate skulte senkenredom, na: am Padri howaotea, wärest du in deiner Jugend fleifsig zur Schule gegangen, so würdest du jetzt Pastor sein; ini

aya ote sidare kaë akiringkedredo, na: pura gonong nametea, hätte er sein Feld nicht vorher verkauft, so würde er jetzt einen hohen Preis dafür erhalten.

282. Der Imperativ ist gleichlautend mit dem Conjunctiv, ausgenommen die zweite Person des Singular, Dual und Plural, für welche besondere Formen da sind. § 75. Die erste Person wird in bestimmten, einem Befehle gleichkommenden, Aufforderungen gebraucht: senokaling, wir (wollen) gehen; tainkabu, wir bleiben. Die dritte Person wird gewöhnlich bei Verhinderungen, Verboten u. s. w. gebraucht: nea jetai aloka rikae, das soll niemand thun; ne daru horoko alokako idi, den Baum sollen die Leute nicht hinwegnehmen. Über den Gebrauch der zweiten Person ist nichts besonderes zu bemerken.

283. Über den verbietenden Imperativ siehe das Paradigma § 116. Den Gebrauch werden nachstehende Beispiele zeigen: am inike alom kulia, schicke ihn nicht; inia kaji alope aiume, hört sein Wort nicht; atea, ape enko alope dalkoa, hört, schlagt sie nicht; ainga urikingke aloben idikinga, führt ihr (2) meine beiden Kühe nicht hinweg; senope, alope hijua, mente ini enko hukumadkoae, gehet, kommet nicht, befahl er ihnen.

284. Einen „höflichen Imperativ", wie ihn auch der Hindu hat, kennt der Kolh nicht; er redet alle mit „du" an. Eine scheinbare Ausnahme findet nur statt, wenn Frauen angeredet werden, aber auch nur solche, welche Kinder haben; zu diesen wird im Dual gesprochen: dela missi, hijuben, komm Schwester; atea, aloben seno, höre, geh nicht.

Anmerkung. Wahrscheinlich kommt diese Anrede im Dual daher, dafs die Frauen stets ein Kind, so lange es noch tragbar ist, mit sich tragen, wodurch es eben zwei lebende Wesen sind, welche angeredet werden.

285. Der Gebrauch des Infinitivs ist ein sehr beschränkter. Abweichend vom deutschen, dient er nicht als nähere Bestimmung bei Adjectiven, besonders solchen, welche ein „vermögen, fähig sein" etc. bezeichnen, Ein Satz wie: „der Mann ist fähig zu gehen", mufs ausgedrückt werden: „der Mann kann gehen, horo sendariae".

286. Dagegen steht der Infinitiv als Subject bei unpersönlichen Ausdrücken, wie: „bugin mena, thik mena, etkan mena" u. s. w. kumbrutea thik banoa, Stehlen ist nicht gut; kamitea bugin mena, Arbeiten ist gut; ninirtea etkan mena, Fortlaufen ist schlecht.

287. Im deutschen steht bei den Verbis des Versprechens, Hoffens, des Versuchens u. s. w. der Infinitiv, nicht aber im Kolh. Sätze wie: „ich hoffe zu kommen, ich werde versuchen zu arbeiten" etc., werden einfach durch Aneinanderreihen beider Verba ausgedrückt; hijuaing, neaing asraetana, ich werde kommen, das hoffe ich; kamiaing, neleaing, ich werde arbeiten, ich werde sehen.

288. Nach den negativen Verbis des Willens, wie: verbieten, abraten, hindern, steht nicht, wie im deutschen, der Infinitiv, sondern dergleichen Sätze werden mit Hilfe des Imperativs gebildet: alom hijua, hukumamtanaing, komme nicht, ich befehle es dir; alokako sen, korongkoaing, sie sollen nicht gehen, ich werde sie hindern.

289. Verba, wie „aufhören, anfangen u. s. w." werden nicht mit dem Infinitiv construirt, sondern (cfr. § 262 ff.) mit dem dazu gehörigen Verbum zu einem verbunden.

290. Gebrauch der Participia. In der Bildung von Participien aller Tempora hat die Sprache eine grofse Gewandtheit, und der Gebrauch derselben ist ein sehr ausgedehnter; es werden fast alle Relativsätze mit Hilfe von Participien, in einfache Sätze umgewandelt.

291. Das Participium kann, wie jedes Adjectiv, mit einem Substantiv verbunden werden: sentan horo, der gehende Mensch; borotan honko, die sich fürchtenden Kinder; kiringakan uriko, die gekauften Ochsen; skul te ka sentan hon jetana kaë ituna, ein Kind, welches nicht in die Schule geht, lernt nichts.

292. Jedes Participium kann durch Anhängung von „i" resp. „ni" substantiviert werden, z. B. hijutan — hijutani; aiumakad — aiumakadni; senken — senkeni, u. s. w.

293. Das Particip des Präsens bezeichnet die Dauer einer Nebenhandlung während der Haupthandlung, also die Gleichzeitigkeit, und wird im deutschen mit „indem" oder „während" aufgelöst: ini jomtan imtage hasulenae, während

des Essens wurde er krank; hijutan diplire kula inike sabkiae, während des Kommens hat ihn der Tiger gepackt; ale enko kumbrutan sabkedkoale, wir haben sie beim Stehlen ertappt; aing taintan imtage ini jetana kaë kajikeda, während meiner Anwesenheit hat er nichts gesprochen.

294. Das Particip des Präsens substantiviert: ini taka bhanjhautankoa dotea oro dudmul akiringtankoa dubtea ultakedae, er stiefs die Tische der Geldwechsler und die Sitze der Taubenverkäufer um; baidy hasutanko ranu omadkoae, der Arzt hat den Kranken Arzenei gegeben.

295. Das Particip wird oftmals wiederholt, um die Dauer einer Handlung anzuzeigen: hijutan, hijutan imtage aing inikeng namlia, ich'fand ihn als er daher kam; sentan, sentanko hatureko tebalena, während sie so dahingingen, kamen sie in ein Dorf; durangtan, durangtanko nubayana, während sie sangen wurde es dunkel.

296. Der Gebrauch der Participia Perfecti ist ein sehr ausgedehnter. Sie verbinden in der Regel die verschiedenen Glieder eines Satzes und machen dadurch die Copula überflüssig. Ein Satz wie: „er rief den Mann und sagte", wird vermittelst des Particips umgewandelt in: „den Mann gerufen habend, sagte er", horoke raaukite kajikedae. Folgende Beispiele zeigen den Gebrauch der Participia Perfecti activi von transitiven Verben: oro hon a ti sabkedte, talitha kumi metadiae, und des Kindes Hand gefafst habend, rief er talitha kumi; oro kajiled imtage hon biridlenae, und gesprochen habend, sofort, stand das Kind auf; Herod raja, horoko kulkedkote Johanke sabichikiae, Herodes, Leute geschickt habend, liefs den Johannes ergreifen; inike bintikite kajiadiae, ihn gebeten habend, sagte er zu ihm; ra:- kedte bintikiae, weinend bat er ihn; nea kajikedte goëjanae, dies gesagt habend starb er.

297. Eine eigentümliche Construction zeigt das Particip in Verbindung mit einem Substantivum, das neben dem Subject des Satzes im Nominativ steht, wo meistens im deutschen ein Particip des Passivs zu stehen pflegt, z. B. „das von meinem Hunde gebissene Schaf" wird umgewandelt in: „das mein Hund gebissen habende Schaf"; ainga seta habakai merom goëjanae, das von meinem Hunde gebissene

Schaf ist gestorben; gupini bangai mindiko lekako taikena, sie waren wie die Schafe verlassen vom Hirten; en mandli orare miad etkan bonga eserakai horo taikenae, in dem Tempel war ein von einem bösen Geiste besessener Mann; aing kiringled lija bagraujana, das Kleid, welches ich gekauft habe, ist verdorben; abu kiringakad uriko nirjanako, die Kühe, welche wir gekauft haben, sind fortgelaufen.

298. Die Participia der intransitiven Verba werden folgendermafsen gebraucht: oro entaëte orongjante aya disumte hijulenae, und von da ausgehend, kam er in sein Land; oro pura aiumko akadandayante kajikedako, und viele, die es hörten, verwunderten sich und sprachen (und viele Hörer, sich verwundert habend, sprachen); enko senoyante, pachhtapepe menteko pracharkeda, und gegangen seiend, thut Bufse, sagend, predigten sie; oro dubpantiakan horokoa nagente inia binti tarom kaë sanangkia, und der sich herumgesetzt habenden (umsitzenden) Menschen wegen wollte er ihre Bitte nicht abschlagen; undimteko rachare tinguyante amlo kapaji sanajadkoa metadiae, deine (jüngeren) Brüder, draufsen stehend, wollen mit dir reden, sagte er ihm; kisana dasiko hijulente inikeko kajiadia, die Diener des Herrn gekommen seiend, sagten zu ihm; kamite lagajante gitijanae, von der Arbeit müde geworden seiend, legte er sich hin.

299. Der Gebrauch der Participia Perfecti pass. ist dagegen von dem des deutschen nicht verschieden, nur dafs er ein viel häufigerer ist: gojakan hormo, der tote Leib; sangingaëte miad sakamakan daru nelkedae, er sah von weitem einen belaubten Baum; en rabudakan chatuke kam nelkeda? hast du den zerbrochenen Topf nicht gesehen? asiakan kuri a gonong chiminangtana? welches ist der Preis der geworbenen Jungfrau? jailakan horokoëte barsau goëjanako, von den Gefangenen sind 200 gestorben.

300. Zuweilen stehen Participia mit Postpositionen, um den engen Zusammenhang auszudrücken, in dem eine andere Handlung mit demselben steht, z. B. sensentanlo enko namkedkoaing, gerade während sie gingen habe ich sie gefunden; jomlere (für jomledre); adakanre namliaing, in dem verloren sein habe ich ihn gefunden.

301. Wie die **Distributivzahlen** (§ 153) durch **Wiederholung** der Zahl gebildet werden, so drückt man auch eine **Verteilung, Zugehörigkeit** etc. aus, z. B. jeder nehme 5 Schafe, mimid moɼe moɼe mindiko idikokae; jeder Vogel hat 2 Flügel, mimid cheɼea babar aparom mena; in jedes Dorf hat er einen Boten gesandt, mimid hatute mimid hoɼoke kulkiae, oder hatu˙ hatute hoɼoke kulkiae.

302. Man **wiederholt** auch oft Worte, um den Nachdruck darauf zu legen: ina huɼing huɼing setako menakoa, er hat ganz kleine Hunde; raja marang marang hathiko kiringkedkoae, der König hat sehr grofse Elefanten gekauft; jiling jiling lijako, viele lange lange Gewänder.

303. **Einiges über Adverbia, Postpositionen und Conjunctionen.**

Adverbia haben keine bestimmte **Stellung** im Satze; als Regel gilt aber, dafs sie zu dem Worte gesetzt werden, welches sie näher bezeichnen. Einige Adverbia nehmen auch Casuszeichen an, wie die Nomina, z. B. mahare pura bawa howajana, im vorigen Jahre hat es viel Reis gegeben; netara da: bugin banoa, das hiesige Wasser ist nicht gut; dinakirea jomea tising aleke omalem, unser tägliches Brot gieb uns heute.

304. Manche **Adverbia** werden **paarweise**, als Relativ und Correlativ gebraucht, das eine im Vorder-, das andere im Nachsatze, z. B. chimin jaked bugin lekate kam kamia, imin jaked paisa kam namea, so lange du nicht gut arbeitest, wirst du kein Geld bekommen; okotateng senoa, entate am kam sendaria, wo ich hingehe, da kannst du nicht hingehen; chimtang ing bolotanaing, imtang ini nirtanae, so bald ich eintrete, läuft er weg.

305. **Fragen** werden auch durch **Adverbia interrogativa** (§ 132) eingeleitet, z. B. chiminang hoɼoko girjare taikenako? wie viel Leute waren in der Kirche? ne kitab chilekatana? wie ist dies Buch? chiulako hijuruara? wann werden sie wiederkommen?

306. Gewöhnlich werden **Fragen** durch die Fragepartikel „chia" eingeleitet und mit „chi, chika, oder chi, banoa" geschlossen; „chia" kann aber auch weggelassen werden.

chia, am bugitanmea, chi ka? bist du gesund oder nicht? bei „chi ka" setzt man voraus, dafs der Gefragte krank ist, die Antwort wird daher lauten: „kaing bugitana, mir ist nicht wohl"; ama jomea mena chi banoa? hast du Essen oder nicht? banoa, ich habe keins; chia euko seterlenako? sie sind angekommen? seterlenako, sie sind angekommen.

307. Bei negativen Fragen wird „ka", die Negation, vor das fragende Verbum gesetzt, und daran stets die verkürzte Personalendung am Ende des Verbs angehängt: chia, nea kam nelkeda? hast du das nicht gesehen? chia am kam oldaŗia, kannst du nicht schreiben? ape kape hijurua? werdet ihr nicht zurückkommen?

308. An das „chi" im Nachsatze pflegt man auch das verkürzte Personalpronomen nochmals anzuhängen, also anstatt: „neam kiringea chi ka", zu sagen: neam kiringea chim ka? wirst du das kaufen oder nicht; ape ainga hukum manatingea chipe ka, wollt ihr meinem Befehle gehorchen, oder nicht? ape sobenko bugitangea chipe ka? seid ihr alle wohl oder nicht?

309. Wenn ein Pronomen oder Adverbium interrog. die Frage einleitet, so fällt natürlich die Fragepartikel „chia" weg, wie das auch an den § 35 ff. angeführten Beispielen ersichtlich ist; man sagt nicht: „chia okoë hijutanae", sondern: okoë hijutanae, wer kommt? okoë goëjanae, wer ist gestorben; okoa kumbrukedae, was hat er gestohlen? Burjute oko hora senoa?, welcher Weg führt nach Burju; am oko orare taintanam, in welchem Hause weilst du? am ne honko chikanam itujadkoa, was lehrst du die Kinder? ne hon chimin chandu howakanae, wie viel Monat ist das Kind alt? ama chikan nutum und ama nutum chikana? wie heifsest du?

310. Die Conjunction „oŗo", „und" wird noch in verschiedenen Bedeutungen gebraucht, z. B. oŗo misa enleka alom rikaea, noch einmal thue das nicht; aing oŗo hijutanaing, ich komme noch einmal; aing oŗo asitanaing, ich verlange noch mehr; ini oŗo kaë daŗia, er kann nicht weiter.

311. Vielfach wird „oŗo" in Verbindung mit „idu" gebraucht, was „wer weifs" bedeutet, z. B. chia haturenko hijulenako? sind die Dörfleute gekommen? idu oŗo, wer weifs; ebenso „derang", iduderang, wer weifs.

312. Die Conjunction „chi, dafs, damit" wird sehr selten gebraucht. Finalsätze wie: „wir fliehen, damit der Tiger uns nicht packe" werden aufgelöst in die beiden Sätze: „wir fliehen, der Tiger soll uns nicht packen", nireabu, kula abuke alokae sab; wir essen, damit wir satt werden, biunagentebu jomtana, des Sattwerdens wegen essen wir.

Ebenso werden die Folgesätze aufgelöst, z. B. „er hat so viel Geld, dafs er ein Dorf kaufen kann" in: „er hat sehr viel Geld, er kann ein Dorf kaufen, inia pura taka mena, miad hatu kiringdaṛiae.

Wird „chi" aber gebraucht, so steht es mit dem Conjunctiv: kajiaime chi tainka, sage ihm, dafs er bleibe.

313. mendo und batkam (auch batikam) aber, sondern; mendo wird mehr in Singbhum gebraucht, um das schwächere „aber" zu bezeichnen, batkam dagegen, um den scharfen Gegensatz auszudrücken; in Nagpur gebraucht man fast nur batkam.

314. Unser „ja" wird meist durch Wiederholung des Verbs oder eines anderen wichtigen Wortes der Frage ausgedrückt, indessen gebraucht der Kolh auch „ea" (in Singbhum) und „he" oder „hege" bei bejahenden Antworten; chia neam kumbrukeda? hast du das gestohlen? hege, ja.

315. „Noch nicht, bevor" wird ausgedrückt durch „auri" oder, alleinstehend „aurige", z. B. aurim gojoa ena rikaëme, bevor du stirbst (sterben wirst) thue das; auri hijulenae, er ist noch nicht gekommen; sim auri ra:ete, bevor der Hahn gekräht hat.